Handwörterbuch
der
shakespeareschen
Sprache

Handwörterbuch
der
shakespeareschen
Sprache

Studienausgabe

Bibliographische Information der Deutschen Nationalbibliothek: die Deutsche Nationalbibliothek verzeichnet diese Publikation in der deutschen Nationalbibliographie, detaillierte bibliographische Informationen sind im Internet über http / / dnb.dnb.de abrufbar

Sonderausgabe der 2019 im Torsten Bahnsen Verlag erschienenen Ausgabe: Hand - Wörterbuch der shakespearschen Sprache, 4. Auflage. Diese Ausgabe ist im Vergleiche zur Originalausgabe leicht gekürzt.

Satz: DTP

Herstellung und Verlag: BoD - Books on Demand, Norderstedt

Printed in Germany

ISBN: 9783750438224

Ziel dieses Wörterbuches ist es dem Leser von Shakespeares Werken ein handliches Nachschlagewerk zu geben, in welchem er vor allem die Begriffe findet, die in den aktuellen Wörterbüchern der englischen Sprache nicht mehr vorkommen, bzw. die von Shakespeare in einem zum Teile völlig anderem Sinne gebraucht wurden, als sie heute im englischen, bzw. in ihrer Herkunftssprache verwendet werden. Es ist nicht möglich alle in der englischen Literatur vertretenen Auffassungen in diesem Wörterbuche wiederzugeben. Dieses würde den Rahmen sprengen, und wohl kaum das Verständnis erleichtern. Zur Erläuterung sei hier ein Beispiel genannt. In Hamlet; zweiter Akt, zweite Szene, sagt Hamlet zu Guildenstern: I am but mad north-north-west: when the wind is southerly, I know a hawk from a hand-saw. Die übliche Übersetzung für hand-saw ist Reiher. Eine etymologische Herleitung mag noch denkbar sein, eine teleologische ist aber nicht denkbar. Diese Übersetzung schneidet sich eine Pointe ab. Das Hamlet als Student in der Lage ist einen Habicht, bzw. einen Falken, von einem Reiher zu unterscheiden, ist weder erwähnenswert noch staunenswert, und schon gar nicht ist es witzig. Wer jedoch handsaw als Handsäge, Fuchsschwanz übersetzt, der hat noch eine Pointe. Wenn jemand versucht seine geistige Gesundheit damit zu belegen, das er in der Lage sei einen Habicht, bzw. einen Falken, von einem Fuchsschwanz zu unterscheiden, so erreicht er damit genau das Gegenteil. Eine solche Formulierung ist im wahrsten Sinne des Wortes irrwitzig, und würde noch heute auf jeder Boulevardbühne ihre Wirkung haben.[1]
Wie bei jeder Lektüre alter englischer Texte sind auch bei Shakespeare Kenntnisse des Französischen bzw. des Niederhochdeutschen von Vorteil. Jedoch ist auch Vorsicht geboten. Shakespeare verwendet Wörter aus anderen Sprachen zum Teile nicht in ihrem eigentlichen Sinne. Ein Leser kann so leicht in die Irre geführt werden. Wer auf seine guten Latein- bzw. Französischkenntnisse vertraut, muß damit rechnen, daß er Shakespeares Werke nicht wirklich versteht und ihm einiges unverständlich bleibt.
Um diesem Mißstande abzuhelfen wurde dieses Wörterbuch verfaßt. Wer sich seiner bedient, wird jedoch feststellen, daß viele Begriffe sehr vieldeutig sind und manche gar auch das Gegenteil beinhalten. Es sollte jedoch die Vielfältigkeit der Sprache Shakespeares erhalten bleiben und dem Leser die Möglichkeit gegeben werden, die ironischen Brechungen und Verfremdungen mit zu verfolgen. Jeder möge sich selbst ein Bild machen. Wer glaubt einen Fehler oder eine Ergänzung nennen zu können, der möge sich an den Verlag wenden, damit das Werk in der nächsten Auflage eine Verbesserung oder Erweiterung erfahre.

Shakespeare soll am 23.4.1564 in Statford-on-Avon zur Welt gekommen sein. Seine Familie bewirtschaftete ein Lehen welches ihr von Heinrich VII verliehen wurde. Shakespeares Vater verarmte um 1578 und konnte, bzw. mußte keine Steuern mehr zahlen. Shakespeare besuchte eine standesgemäße Schule. Seine Lehrer waren Walter Roche, Thomas Hunt und Thomas Jenkins. 1586 begab er sich nach London zu Thomas Green. Green war ein seinerzeit gefeierter Schauspieler und mit Shakespeare verwandt. Shakespeare wurde Schauspieler am Blackfriars` Theater. Schon 1590 werden seine Stücke von Kritikern (Spencer: Tears of the muses) lobend erwähnt. 1593 erscheint Venus und Adonis gedruckt im Selbstverlage, 1594 erscheint Tarquin und Lucrece. Am 23. 4. 1616 starb Shakespeare und wurde neben seinen Vorfahren beigesetzt anstatt in der Dichter-Kapelle in Westminster Abbey, wo die berühmten Dichter Englands beigesetzt wurden.
Shakespeare war Besitzer des Blackfriars und des Globe Theaters. Seine Tätigkeit beschränkte sich nicht nur auf die eines Schauspielers, sondern auch auf die eines Autors, Produzenten, Verlegers, Intendanten, etc. etc. Als Regisseur erwarb er umfassende Kenntnisse über das Handwerk des Theaters.
1623 erscheint eine Ausgabe seiner Werke herausgegeben von Heming und Candell. In dem Nachwort von Ben Johnson wird ausdrücklich darauf hingewiesen, Shakespeare habe nur wenig Latein und noch weniger Griechisch gekonnt. Seine Leser und die Leser dieses Buches können sich davon überzeugen. An Hand einiger Beispiele soll dieses gezeigt werden:
So macht Shakespeare aus dem lateinischen gaudium ein gawds. Und sein limbo parium ist wohl limbo patrum. Selbst ein Schüler mit geringen Lateinkentnissen sollte wissen, daß die Anzahl der Silben für die Betonung eines Wortes von Bedeutung ist. Shakespeare hat jedoch keine Bedenken dieses zu ändern. Ein derartiger Mangel für die Grundlagen des Lateinischen offenbart auch sein mallecho. Diesen hat Shakespeare dem spanischen entnommen. Dort wird er jedoch nicht zusammen geschrieben, sondern mal hecho. Das h wird wie im Französischen nicht betont. Spanisch sprach er sicher nicht, aber trotzdem hätte er mal niemals mit zwei ll schreiben dürfen. Sonst müßte es ja auch heißen: malle, mallum oder mallus statt male, malum oder malus. Seine Lateinkentnisse waren also wirklich gering. Das seine Französischkenntnisse ebenfalls gering waren, ist unverkennbar.
Schon zu Shakespeares Lebzeiten erschienen Werke unter seinem Namen, bzw. Abwandlungen des Namens, obwohl sie von anderen Autoren stammten. Ob Shakespeare dieses nur duldete, oder ob er hieraus seinen Vorteil zog ist nicht bekannt. Welche Motivation die anderen Autoren hatten kann ebenfalls nur erraten werden. Dieses Verhalten gab jedoch Anlaß zu Spekulationen ob Shakespeare der Verfasser der anderen unter seinem Namen veröffentlichten Werke sei. Als mögliche Verfasser werden genannt:
Lord Francis Bacon, der 17. Earl of Oxford, der 6. Earl of Derby, Roger Manners Earl of Rutland, Edward de Vere, William Stanley, Sir Anthony Shirley, William Alexander, Sir Walter Raleigh und Charles Blount Earl of Devonshire.

---

[1] Diese Ansicht lässt sich durch eine von Fancis Douce 1747 - 1834 gefundene Stelle weiter belegen. In Batman`s uppon Bartholome his booke De proprietatibus rerum von 1592, dass nach Ansicht von Douce Shakespeare wahrscheinlich bekannt war, heist es: This Southern wind is hot and moyst - - Southern winds corrupt and distroy: they heat and maketh men fall into sickness. Douce zitiert diese Stelle in Bezug auf The Tempest, doch scheint sie mir hier noch besser zu passen.

Ein Grund dafür anzunehmen Shakespeare sei der Autor dieser Werke, bzw. könne nicht der Autor der Werke sein wird vielfach genannt, daß Shakespeare nicht das umfassende Wissen der Geschichte, der griechischen Mythologie etc. gehabt haben könne. Hierzu sei seine Schulbildung unzureichend. Doch auch schon damals gab es die Möglichkeit sich selbst weiter zu bilden. Bei genauerer Betrachtung vieler Punkte wird man jedoch gewahr, daß seine Kenntnisse auf diesen Gebieten nicht sehr umfangreich sind. [2] Es ist schon vorstellbar, daß der Schüler bzw. der erwachsene Leser die für seine Stücke verwendeten Namen und Begebenheiten aus der zeitgenössischen Literatur zum Repetieren etc. entnommen hat.

Wenn Shakespeare z. B. bei Antony and Cleopatra im dritten Akt, Szene VI auf Zeile 68ff. wie in einer Aufzählung Namen du königreiche nennt, so wird hier kein umfassendes Wissen der Geschichte offenbar. Und auch an vielen anderen Stellen werden von Shakespeare Namen und Orte eher wie Zitate verwendet, als daß sie in dem Zusammenhang des Stückes wirklich von Bedeutung wären.

Shakespeares Sprache ist volkstümlich und weist Begriffe aus englischen Dialekten auf. Seine Metaphern sind für das einfache Volk, seine Zuschauer, verständlich gewesen. Shakespeare mußte sich bei seinem Publikum gegen öffentliche Hinrichtungen, z. B. Enthauptungen oder Verbrennungen etc., behaupten. Diese waren damals eine der Hauptattraktionen, die zusammen mit Jahrmärkten etc. um die Gunst des Publikums buhlten. Auch wenn es uns heute unvorstellbar erscheint, aber nicht nur die einfachen ungebildeten Leute fanden an Hinrichtungen etc. ihr Vergnügen. Selbst ein so gebildeter Mensch wie Thomas Morus, der von Heinrich VIII hingerichtet wurde, hat die von ihm zum Tode verurteilten Häretiker verspottet und sich über die sich auf dem Scheiterhaufen zu Tode schreienden Menschen lustig gemacht, wie sein Biograph Richard Marius berichtet. Eingedenk dessen wird man vom einfachen Volke keine größere Feinfühligkeit gegenüber den Gefolterten und auf die verschiedensten Arten zu Tode Gebrachten erwarten dürfen. Hinrichtungen waren die Attraktion des Jahres. Dieses dürfte auch die Blutrünstigkeit vieler Shakespeare-Stücke erklären. Er gab dem Zuschauer, was Dieser sehen wollte, und was Dieser gewohnt war. Seine Stücke sollten nicht den Intellektuellen ansprechen, sondern das einfache Volk. Nur dieses konnte sein Theater füllen. Er verbindet das Tragische mit dem grell-spaßigem, die geistreiche Pointe mit der derben Anzüglichkeit. Begriffe, Namen und Sprichworte der Antike müssen keineswegs durch die Lektüre der klassischen Autoren in Shakespeares Werke eingeflossen sein. In den Schulen jener Zeit waren Spruchsammlungen und Zitate der Klassiker sehr beliebt und viel stärker bekannt und verbreitet als heutzutage. Seine Themen entnimmt er alten Theaterstücken oder französischen und italienischen Novellen von denen es bereits Übersetzungen gab, bzw. historischen Darstellungen. Die häufig behauptete umfassende Bildung Shakespeares läßt sich aus seinen Werken, welche auch immer tatsächlich von ihm stammen mögen, jedoch nicht ableiten. Seine Unsicherheit beim Gebrauche von Fremdwörtern spricht eher dagegen. Das gilt auch für einige Fehler, die ein deutliches Licht auf Shakespeares Bildung werfen. Fremdworte aus dem Lateinischen bzw. dem Griechischen werden mit ihrer Fülle von Bedeutungen, etc., als Füllworte gebraucht, bzw. als Pointe. Zuweilen sind sie auch einfach nur das Symbol für Fremdheit, Gebildetheit, vornehme Herkunft etc.. Der Einwand seine Sprachfehler beim Gebrauche von Fremdwörtern seien um des Witzes willen geschehen, vermag nicht zu überzeugen. Selbst wenn man Shakespeare eine ausreichende Bildung hierfür zusprechen wollte, so müßte man auch seinen Zuschauern eine hinreichende Bildung zusprechen. Wie sonst hätte das Publikum diese Witze, die sich aus dem falschen Gebrauche der Fremdwörter ergeben, verstehen sollen? Jedoch dürfte es heute kaum noch möglich sein zu beurteilen, warum er welchen Begriff verwendete, bzw. warum er ihn so verwendete. Wie bei so vielem im Leben des William Shakespeare bleiben wir auf Spekulationen angewiesen.

Ungewöhnlich sind auch jene Argumente, die gegen die Autorenschaft Shakepeares sprechen sollen, weil er eher an einen Schlachter oder groben Handwerker erinnere. In unserer heutigen medialen Welt hätte er wohl in der Tat mit seinem aussehen Schwierigkeiten, aber seit wann sagen Aussehen etc. etwas über geistige Fähigkeiten oder gar Genialität aus? Wer die berümte Büste des Sokrates anschaut würde wohl auch nicht erraten vor einem der bedeutesten griechischen Philosophen zu stehen.

Vorwort zur dritten Auflage

Die nun vorliegende dritte Auflage ist vollständig durchgearbeitet worden und steht jetzt im Wesentlichen im Einklange mit den Ergebnissen der hauptsächlich deutschen Forschung zur Sprache Shakespeares. Erfreulicherweise mußten dafür bei den meisten Eintragungen nur Erweiterungen vorgenommen werden. Einige mußten jedoch auch vollkommen umgeschrieben werden. Auch bei Beachtung des Textzusammenhanges wirkten die Übersetzungen der deutschen Forschung einfach glaubwürdiger und stimmiger. Letztendlich geht es nicht um etymologische Untersuchungen, sondern um eine, das Verständnis der Texte *fördernde* Übersetzung. Ich hoffe das ist nun noch besser gelungen. Dabei ist auch der Umfang der Übersetzungen angewachsen, vor allem deshalb, weil nur so eine in jedem Falle stimmige Übersetzung möglich ist. Dabei mußte auch manche *Wiederholung* in Kauf genommen werden, die aber kaum als lästig empfunden werden dürfte. Der Leser wird sich vielleicht bei einigen Worten fragen, wo diese überhaupt auftauchen. Dazu sei hier folgendes bemerkt. Es gibt inzwischen eine kaum noch zu überblickende Vielzahl von Shakespeare-Ausgaben. Leider sind diese jedoch nicht identisch. Im Laufe der Jahrhunderte, und insbesondere in den letzten Jahrzehnten, wurden von vielen Verlegern und Herausgebern, wie z. B. W. J. Craig, zur Verbesserung der Lesbarkeit (?) zahlreiche Modernisierungen vorgenommen. So kann es sein, daß ein Leser Worte in diesem Wörterbuch findet, die in

---

[2] Hier sei an Ina Schaberts: Shakespeare, Die unendliche Vielfalt der Bilder verwiesen. Sie stellt auf Seite 188 in Anschluß an Coleridge fest: Erfahrung und Bildungswissen seien für solche Autorschaft allenfalls marginale Bereicherungen einer von innen bestimmten Genialität.

seiner Ausgabe nicht vorkommen, weil sie bereits durch die moderne Schreibweise ersetzt wurden. Da es jedoch auch andere Ausgaben gibt, bzw. die alten Ausgaben auch als Nachdrucke erscheinen, wird hier nicht auf eine Auflistung verzichtet.

Grundsätzlich wäre gegen eine Erleichterung der Lesbarkeit natürlich nichts einzuwenden. Bei vielen Modernisierungen erscheint der Gewinn jedoch sehr gering angesichts der Tatsache, daß die Anzahl der Varianten weiter ansteigt. Allein mit diesen verschiedenen Schreibweisen ließe sich ein Buch dieses Umfanges füllen. Und zudem müssen einige der Verbesserungen schlicht als ungeeignet bezeichnet werden, so daß es nicht gelingt unklare Stellen und Bedeutungen zu erhellen.

Weiter wurden viele Begriffe aus der Antike aufgenommen. Mag es noch zu Shakespeares Zeiten üblich gewesen sein, das diese Namen oder Orte für Viele bekannt gewesen waren, so dürfte es heute doch für Viele nötig sein, hier nachzuschlagen. Solch mythologisches Wissen ist sicherlich nicht immer erforderlich um das Stück verstehen zu können, aber es ist sicher ein Vorteil und eröffnet neue Perspektiven.

Das gilt auch für die Begriffe der Völkerwanderungszeit, des Mittelalters und der Gegenwart Shakespeares. Zudem wurden auch einige besonders ungewöhnliche Wortschöpfungen bzw. Verballhornungen, die mit dem normalen Wörterbuche nicht zu erschließen sind, aufgenommen.

Vorwort zur vierten Auflage

Die jetzige Auflage ist völlig neu gesetzt worden, auf die freien Seiten wurde verzichtet, da der Umfang wieder erheblich gesteigert wurde, er deckt jetzt etwa ein Drittel des Sprachschatzes Shakespeares ab, erschien es nicht mehr nötig so viel Freiraum für Notizen zu lassen.

Weiter muß man feststellen, daß es doch den Rahmen dieses Buches völlig sprengen würde alle denkbaren Anspielungen und Übersetzungsmöglichkeiten hier aufzulisten. Aus diesem Grunde werden die beliebtesten Stücke Shakespeares in kommentierten Einzelausgaben herausgebracht. Aufgebaut wurde dabei auf der Kommetierung von Nicolaus Delius. Diese erscheinen vor 150 Jahren in mehreren Auflagen, und entsprechen natürlich nicht mehr dem heutigen Sprachgebrauch. Es war deshalb notwendig sie zu modernisieren, aber auch zu ergänzen. Aber sämtliche Anregungen von Nicolaus Delius in dieses Handwörterbuch aufnehmen zu wollen würde den Rahmen völlig sprengen. Aus einem kleinen Handwörterbuch würde ein großes Werk mit hunderten von Seiten, gewiß schön, aber nicht sehr praktisch.

Die Einzelausgaben der Stücke sind also durchaus selbständige Arbeiten, wie dieses Buch auch nicht nur eine gekürzte Ausgabe der Einzelausgaben darstellt. Möge es Leser finden die hierdurch mehr Freude an der Lektüre Shakespeares finden und damit ein Schritt getan sein um Shakespeare dem Publikum des 21. Jahrhunderts verständlich zu machen.

Es kann natürlich nicht im Sinne dieses Wörterbuches sein ein Reallexikon zu ersetzen. Deshalb sind die Erklärungen zur Mythologie, zur Bibel, etc. auf den Teil beschränkt, der für das Verständnis des Stückes erforderlich bzw. geeignet ist. Wer tiefere und weitreichendere Kenntnisse wünscht wird hier auf Lübker oder Pauly verwiesen. Desweiteren sei hier auch an die Kommentierungen des *Arden Shakespeare*, bzw. an Nikolaus Delius erinnert.

A

Abjects: Unterste soziale Schicht, Sklaven, Vogelfreie, Ausgestoßene, Abschaum, dienstbare Geister. Abject bedeutet eigentlich: verworfen, elend. Vom Lateinischen abiectus: nachlässig, verzagt, gewöhnlich, kleinmütig, mutlos

Able: Fähig, lebhaft, geschickt, gleich, ausreichend, mildern, rechtfertigen, entgegnen

Absolute: Vollendet, entschieden, bedingungslos, sicher, unzweifelhaft, fehlerlos, kompromislos

Absyrtus: Absyrtos, der Sohn des Königs Äetes, der jüngere Bruder von Medea, von ihr zerstückelt, um Jason die Flucht mit dem goldenen Vlies zu ermöglichen (Argonautenmythos)

Abused: Täuschten, mißbrauchten, verdrehten

Aby: Büßen, wiedergutmachen, entschädigen

Abysm: Abgrund, Tiefe

Accite: Jemanden zu sich rufen, befehlen, bestellen, vorladen

Acheron: Fluß in Thresprotien, dem heutigen Lakkiotikos. Einer der Flüsse der Unterwelt, die von den Toten zu überqueren waren, um in das Reich der Toten zu gelangen

Achieve: Etwas erreichen, erlangen, beenden, töten, ausführen, bekommen, gewinnen

Achitophel: Ratgeber König Davids, verbündete sich mit Absalom, dem dritten Sohne Davids, gegen diesen zu einem Aufstande, und wurde von David verflucht

Aconitum: Eisenhut (Giftpflanze), wurde als Heilpflanze gegen Lepra, Hautflecken und Schlangengift eingesetzt

Actaeon: Aktaion, thebanischer Prinz welcher bei der Jagd die badende Artemis (Göttin der Jagd und der Keuschheit) entdeckte, und von ihr in einen Hirschen verwandelt wurde. Mit seinem Geweih ist der ein Symbol für einen betrogenen, gehörnten Ehemann

Action: Aktivität, Tätigkeit, Kraft, Anstrengung, Tat, Unternehmenslust, Kampf, Geste, Gebärde, Prozeß, Theatervorstellung

Action-taking: Wegen einer zugefügten Beleidigung klagen, anstatt sich wie ein Ehrenmann selbst zu verteidigen, bzw. sich Genugtuung zu verschaffen

Adam: Adam Bell, ein berühmter Bogenschütze

Adder`s sence: Vermutete, unterstellte Taubheit. Im Volksglauben war die Vermutung, die Natter (adder) sei taub, weit verbreitet

Address: Etwas fertig machen, vorbereiten, sich richten an, seine Rede richten an

Adler-liefest: Über alles geliebt

Gardens of Adonis: Paradisischer Platz ewigen Frühlings, der Fruchtbarkeit in der griechischen Mythologie. Eigentlich gemeint: die Gärten des Alkinoos? In der katholischen Kirche werden Schalen mit frisch aufgegangenem Getreide, die zu Karfreitag in den Seitenkapellen (Heiligengräber) der Kirchen gestellt werden als Adonisgärten bezeichnet

Advertisement: Rat, Information, Aufklärung, Anweisung

Advice: Überlegung, Rat, betrachten, erwägen, beraten, überreden, informieren, anweisen, überzeugen

Advised: Überlegt handeln, ruhig, besonnen, klug, rücksichtsvoll

Aeacides: König von Salamis, sprichwörtlich für seine Größe und Stärke

Aeolus: Griechischer Gott des Windes

Aeson: Jasons Vater, Halbbruder von Pelias, von Medea durch Zauber verjüngt (Argonautensaga)

Affect: Neigung, Wesen, lieben, mögen, gefallen finden, sich richten auf, erzwungener Maßen nachahmen, gleichen

Affection: Zuneigung, Wünsche, Neigung, Wesen, Liebe

Affectioned: Gerührt, berührt, voller Zuneigung

Affections: Neigung, Wesen, Wunsch, Liebe

Affeered: Bestätigt, wiederholt

Affied: Verlobt

Affined: Durch geistige Verwandtschaft zueinander hingezogen, geneigt sein, sich angezogen fühlen, etwas mögen, verbunden

Affray: Sich plötzlich fürchten, ängstigen, erschrecken

Affront: Dem Feinde gegenüber stehen, mit dem Feinde konfrontiert werden, treffen begegnen

Affy: Sich verloben, vertrauen auf

Afric: Afrika, afrikanisch

Aglet-baby: Etwas Kleines, ein Anhängsel, eine Anstecknadel

Agnice: Besitzerstolz, bekennen, zeigen, genießen

Aiery: Horst (Nest) eines Adlers, Falken, Habichts und dessen Brut. Eigentlich: aery

Cry aim: Ausdruck der Bogenschützen: Ziele!, Schieß los!, durch Zuruf anstiften, bestimmen, ermuntern, jubeln

Albion: Keltischer Name für Großbritannien

Alcides: Name (Beiname) des Herkules nach seinem Großvater Alceus

Alar(u)m: Ruf zu den Waffen, Achtung!, Vorsicht!, Angriff!, Feuer!, Auf in den Kampf!

Alecto: Alekto, eine der Erinnyen, bzw. der Eumeniden. Eine der drei Furien, die nie Aufhörende. Diese sind Zeugen, welche beim Schwure angerufen werden, sie verfolgen die Meineidigen

Ale-house painted signs: Verächtlichmachung, ungeschickt, so schlecht, primitiv wie ein von einem ungeschickten Schildermaler gemachtes Wirtshausschild

Allhallond Eve: Halloween, der 31. Oktober, das keltische Samhain

Allhallowmas: 1. November

Almain: Alemanne, Deutscher

Althaea: Althaia, Meleagers Mutter. Als er seinen Onkel tötete, rächte sie sich durch das Verbrennen des Holzscheites, durch dessen Vernichtung sein Leben endete

Althaea` dream: Verwechslung zwischen Althaea und Hecuba, *siehe Hecuba*

Amaimon: Name eines Teufels

Amazed with matter: Verblüfft, bestürzt, irre machend, mit Arbeit überhäuft, die Masse des Stoffes, die zugleich mich in Anspruch nimmt, betäubt und verwirrt mich

Amazonian chin: Bartlos wie die weiblichen Krieger der griechischen Mythologie

Ames-ace: Zwei Asse, der niedrigste Wurf bei einem Würfelspiel

Amort: Hoffnungslos, niedergeschlagen

Ampthill: Schloß in Bedfordshire, Südengland. Katharina von Aragon lebte hier 1533 während ihre Ehe mit Heinrich VIII annulliert wurde

Amurath: Murad III, türkischer Sultan (1546-17.1.1591), ermordete seine Brüder als er den Thron bestieg, wie dieses damals üblich war, in Ermangelung eines Erbrechtes

An: Wenn, ob, weil

Anchor: Eremit, Einsiedler, Anker, verankert, vor Anker liegen, verankern, festmachen

Ancient: Standarte, Fähnrich, alt, traditionell, altmodisch, früher

Ancus Martius: Marcius, altrömisches Geschlecht, Begründer der Plebitas (Unterbürger), 4. König von Rom, siedelte die besiegten Latiner(Plebejer) an

Andren: Andres in der Picardie, Nordfrankreich

Andrew: Anspielung auf ein spanisches Schiff das 1596 im Hafen von Cadiz auf Grund gelaufen war, und dann von Engländern gekapert wurde. Ferner wird die englische Marine von den Seeleuten the Andrew genannt

Angel: Goldmünze mit einem Abbild des Erzengels Michael, der Wert schwankte zwischen sechs Schillingen und acht Pence bzw. zehn Schillingen

Angiers: Angers in Nordwestfrankreich, Hauptstadt der ehemaligen Provinz Anjou in der Nähe von Nantes

Anight: Nachts, während der Nacht

Anon: Sogleich, sofort, unverzüglich

Answer: Antwort, Vergeltung, Rechnung, Bericht, Konto, Rechenschaft, Gegenschlag beim Fechten, antworten, erwidern, reagieren, einverstanden sein, entsprechen, büßen, befriedigen, wiedergutmachen, eine Rechnung vorlegen, entgegentreten, bereit zum Kampfe sein, eine Gelegenheit nutzen, verbürgen, einstehen für, verantwortlich sein

Answer night painted cloth: Preiswerter Wandbehang mit humoristischen Szenen, Allegorien oder Sagen. Auf den alten Wandtapeten waren oft stehende menschliche Figuren gemalt. Um ihre Münder waren *Sprechblasen*, Texte, die hier als Vorlage dienen sollen (Textbänder, wie z. B. beim Teppich von Bayeux)

Anthropophagi(nian): Mythische Rasse von Menschenfressern, Kannibalen

Antiates: Bürger aus Anzio, in der Nähe Roms, Küstenort, Sommerfrische der römischen Cäsaren

Antick: Narr, Kasper, Trottel. Eigentlich: antic = seltsam

Antiochus the Great: Antiochus III., 242 - 187 v. Chr., syrischer König, bei Tempelplünderung erschlagen

Antres: Undurchdringlich

Appeal: Anklage, Berufung einlegen, anklagen, Einspruch erheben

Apple John: Johannisapfel, lang haltbare Apfelsorte mit vielen Runzeln nach langem Lagern. Diese Sorte wurde am 24.6., dem Johannistag, geerntet. Erst nach langer Lagerung, wenn der Apfel verschrumpelt war, wurde er genießbar, wohl eine besondere Spezialität der englischen Küche

Apply: Sich einer Sache widmen, sich mit einer Sache beschäftigen, erklären moralisieren

Appointment: Vereinbarung, Leitung, Ausrüstung

Apprehension: Meinung, Vorstellung, Wahrnehmung, Wahrnehmungsvermögen, Verhaftung

Apprehensive: Geistvoll, geistig rege, aufnahmefähig

Approbation: Billigung, Unterzeichnung, Zustimmung, Bestätigung, Probezeit, gebilligt

Approof: Überprüfung, Billigung, überprüfter Wert, Beweis, Erprobung, Rechtfertigung, Versuch

Aqua-vitae: Alkohol, Whisk(e)y

Aquitaine: Aquitanien (Südwestgallien, bestehend aus den Grafschaften: Gascogne, Armagnac, Périgord, Poitou und Angoulême)

Arabian bird: Phoenix

Arde: Ardres in der Picardie, Nordfrankreich

Ardea: Hauptstadt der Rutuli, südlich von Rom, an der Küste

Argal: Also, deshalb, darum, folglich

Argentine: Silberfarben

Argier: Algier (Hauptstadt von Algerien)

Argo: Wegen, um, folglich, also, deshalb, denn

Argosies, Argosy: Lastkahn, schweres (Handels-) Schiff

Argus: Argos, ein Riese mit vielen Augen auf dem ganzer Körper, von denen ein Teil stets wachte. Ein wohltätiger Held, von Hera zum Wächter der Färse Io bestimmt. Auf Befehl der Hera von Hermes mit seinem Flötenspiel eingeschläfert und enthauptet. Hera setzte die Augen des Argos in den Schweif des ihr heiligen Pfaues

Ariachne: Wohl eine Verwechselung mit Arachne, die mit Minerva in der Kunst des Webens wetteiferte, und in eine Spinne verwandelt wurde

Arion: Dichter, lockte mit seinem Gesange Delphine an, welche ihn vor dem Ertrinken retteten

Arm-gaunt: Handschuh einer Ritterrüstung

Aroint: Hau ab!, mach die Fliege!
A-row: Der Reihe nach, Einer nach dem Anderen
Art: Talent, Geschick, Gewandtheit, Übung, Magie, Zauberkraft, Erfahrung, Studium, Wissenschaft
Arthur: Gemeint ist wohl Abraham
Arthur`s show: Wettschießen der Londoner Vereinigung der Liebhaber des Vogelschießens, des Bogenschießens, benannt nach Artus
Articulate: Verhandeln, aufschreiben, aufzeichnen
Artificer: Handwerker
As: Als, ob, wie, gleichwie, wenn, gleichwohl, jedoch, wie auch immer, so daß, als ob
Asmath: Im Talmud der Türsteher der Dämonen, ein wollüstiger Dämon aus Persien
Aspersion: Besprühen, betupfen, tränken durch Tau oder Regen
Aspick: Apsis, ägyptische Brillenschlange, Natter
Asprey: Fischadler, konnte nach dem Volksglauben die Fische bezaubern
Assey: Probe, Prüfung, Test
Assinego, Asinico: Narr, Trottel, Tölpel. Der Begriff könnte dem Spanischen entnommen sein. Asnino bedeutet im Spanischen Esel. Denkbar wäre auch asesino. Dieses bedeutet Mörder. Diese Bedeutung geht auf Hasani Sabah, den Herrn vom Berg, der Alte vom Berg zurück. Seine Anhänger, die Ismailiten, wurden wegen ihres Drogenmißbrauches von den Arabern hasch a schin (Haschischkonsument) genannt. Hiervon ist das europäische Assasin abgeleitet. Im übertragenen Sinne bedeutet asesinar im Spanischen aber nicht nur töten, sondern auch Unmut, Empörung oder Enttäuschung hervorzurufen.
Assured: Sicher, überzeugt, sich verloben
Astraea: Dike, griechische Gottin der Gerechtigkeit
Astringer: Falkner
Atalanta: Atalante, Tochter von Schoineus, und Iasos (bzw. Klymene und Iasos). Sie forderte jeden, der um ihre Hand anhielt, zu einem Wettlauf heraus. Wen sie besiegte, den erstach sie
Atomies: Kleinste Partikel, die im Sonnenlicht, Lichtstrahl erkennbar sind (Staub, Puder)
Atone: Sich aussöhnen, sich einigen, übereinstimmen, zustimmen
At six and seven: In Unordnung, Verwirrung, Durcheinander
Attasked: Getadelt, beschuldigt, vorgeworfen
Attend: Gesellschaft leisten, zur Verfügung stehen, aufmerksam sein, aufmerksam betrachten, zuhören, hören auf, aufwarten, bemerken, beschützen, bewachen, bedienen, (er)warten, seinen Respekt (öffentlich) bezeugen, bereit sein
Attended: Hören auf, Gesellschaft leisten, bedienen, aufmerksam betrachten, bemerken, beschützen, bewachen, bezeugen
Attorney: Durch Stellvertreter vermittelt
Audacious: Tollkühn, unverschämt
Audrey: Englische Abtissin (Etheldreda, Saint Audrey) des 17. Jahrhunderts
Augur: Seher, wahrsagen. Bei den Römern waren die Auguren ein hochrangiges Priesterkollegium auf Lebenszeit zur Beobachtung und Deutung der durch Vögel gegebenen Zeichen
Awkward: Ungünstig. Eigentlich: awkward = ungeschickt
Aulis: Bethy, Hafenstadt in Südostgriechenland, dem alten Böotien
Aunt: Tante, Geliebte, Flittchen, Hure
Aurora`s harbinger: Aurora ist die römische Göttin der Morgendämmerung. Hier sind Venus oder Merkur gemeint, der Morgenstern, Verkünder der Dämmerung. Die des Nachts umher gehenden Geister müssen vor dem Tageslicht fliehen
Authentic: Von anerkannter Stelle, Behörde
Avaunt: Hinweg!, Fort!, Pfui!, Igitt!, Verzieh dich! Laufpaß, Ausruf der Abscheu und der Verachtung um Jemanden fortzuschicken
Averring: Als Beweis angeben
Aves: Gruß
Avoirdupois, Averdupois: Englisches Handelsgewicht von 453,5 g. Es handelt sich hierbei nicht um eine Wortschöpfung Shakespeares, sondern um eine Bildung aus dem neulateinischen averia = grobe Ware und dem französischen poids = Gewicht. Diese Gewichtseinheit galt nicht nur in England, sondern auch in seinen Kolonien, USA, etc., etc.
Awful: Ehrfurchtsvoll, gottesfürchtig
Awless: Fehlende Ehrfurcht, Einschüchterung, nicht einschüchternd, nicht ehrfurchtgebietend
Aye: Ewig, für immer. Eigentlich: ay

B

Baccare: Platz machen!, Zurück!, Platz da!

Bajazet(h): Bajesid I., Jildemin (Blitz), 1347 - 8.3.1403, ottomanischer Sultan, unterwarf 1390 Serbien, dann Bulgarien, Mazedonien, Thessalien und machte den byzantinischen Kaiser Johannes VII von sich abhängig

Bale: Unglück, Katastrophe, Übel, Elend, Not

Balk: Vernachlässigen, sich nicht kümmern um, zurückschrecken, zum Fenster herauswerfen

Ballad of the King and the Beggar: Die Geschichte von König Cophetua und der Bettlerin Penelophon, in die sich der König verliebte

Ballow: Knüppel

Balm: Medizinische Salbe, salben, heilen

Ban: Ein Name, Fluch, verfluchen

Banbury: Stadt in Oxfordshire, bekannt für ihren fetten, dicken Käse

Bandog: Angeketteter Mastiff (Kampfhund, Wachhund)

Bandy: Hin und her schlagen, werfen (von Worten, Blicken), streben, ringen, kämpfen

Banning: Verfluchen, verwünschen

Idle banquet: Kleiner Happen, unbedeutender, wertloser, nicht erwähnenswerter Imbiß

Running banquet: Schnelle Erfrischung (Sexuelle Anspielung), Auspeitschung, die die Verhafteten, Gefangenen vor der Entlassung durch die Wärter erfuhren

Bar: Schranke, Sperre, Hindernis, Riegel, Pferderüstung zum Schutze beim Kampfe

Barbary: Die von den Berbern bewohnte Küste Nordafrikas

Barbason: Name eines Teufels

Barbe: Schleier

Barbed: Gepanzert, Panzerung für Brust und Flanken eines Pferdes

Barfleur: Harfleur in der Normandie, Nordfrankreich, erobert 1415 von Heinrich V

Barful: Voller Hindernisse

Bargulus: Bardylis, antiker illyrischer Pirat

Barm: Hefe

Barn: Kornspeicher, die Ernte einfahren, Scheune für Vorräte, kleines Kind

Barnacle: Bernikelgans, Entenmuscheln, Percebes, (pollicipes plynurus) die für die Eier der Bernikelgans gehalten wurden, die deutsche Bezeichnung Entenmuschel stammt aus dem Mittelalter. Es wurde berichtet, daß aus diesen *Eiern* Nonnengänse geschlüpft seien. In Deutschland wurden dann aus den Nonnengänsen Enten. Damit wurden die Enten zu Fastenspeisen gemacht. Eigentlich handelt es sich bei den Percebes um Krebse die fest an Felswänden in der Brandungszone leben

Barrabas: Eigentlich Barabbas, ein jüdischer Dieb, Räuber und Mörder. Welcher zusammen mit Jesus von Nazareth hingerichtet werden sollte, aber von Pilatus auf Wunsch des Volkes von Jerusalem begnadigt wurde. Ein Amnestiebrauch anläßlich des Passahfestes

Bartholomew: 24. August

Hill of Basan: Batanäa im Ostjordan zwischen Jarmuk und Hermon, berühmt für seine Eichenwälder und Viehzucht

Base(s): Fundament, Grund, Ursache, der tiefste Ton in der Musik, mit tiefer Stimme sprechen, weite Reithosen eines Ritters, ländlicher Wettlauf, niedrig, gemein, verächtlich, abscheulich, uneheliche Geburt

Basilisco: Anspielung auf das Stück: Soliman and Perseda, und ein Wortspiel: knave = Bube, Knabe, Knappe bzw. knight = Ritter

Basilisk: Kanone mit einem Kaliber von ca. 222 mm, eine mythische Schlange mit tödlichem Blicke

Basimecu: Geringschätziger Ausdruck für einen Franzosen, Verballhornung von baise mon cul! = Küß meinen Hintern! Entspricht dem deutschen: Leck mich am Arsch!

Basta! Spanisch oder italienisch: Ende, genug, aus, vorbei

Bastard: Unehelich geborener Mensch, süßer spanischer Wein, falsch unecht, außerehelich

Bat: Keule, Stock, Knüppel, Fledermaus

Bate: Streit, wie ein Falke flattern, übrig bleiben, niederschlagen, ausnehmen, verringern, abstumpfen

Batlet: Waschbrett, Stock zum Sauberschlagen der Wäsche

Batten: Mästen

Bavin: Zunder, Unterholz, leicht aufflammendes Holz

Bawcock: Lustiger Hahn, lustiger Vogel, männlicher Kosename, guter Freund, netter Junge, Bursche. Eigentlich vom franz. beau coq

Bawd: Kuppler, Kupplerin

Bawd-born: Kupplerisches Naturtalent, der geborene Kuppler, Jemand, der gar keinen anderen Tätigkeit nachgehen könnte

Bay: Meeresbucht, Hafen, Lorbeer, Gebell, Raum zwischen den einzelnen Deckenbalken, eine Frontabmessung von 24 Fuß, ca. 3,5 m, ein Jagdhund welcher den Eber, Keiler verbellt, Wild stellen, in die Enge treiben, anbellen, jagen, verfolgen, braun

At a bay: Jagdhunde, die einen Hirschen oder Keiler umrunden, umkreisen um ihn zu stellen, so daß der Jäger das Wild erschießen, erschlagen kann

Bay-window: Breites Schaufenster, vorspringender Erker

Bayard: Magisches Pferd, ein Geschenk Karls des Großen, Symbol für Rücksichtslosigkeit

Bay-curtal: Mit einem gekürzten Schwanze, gewöhnlich, üblich

Beaded (bedded) jet: Gagat, Pechkohle, schwarzer Bernstein. Braunkohle aus der Schmuckperlen gemacht wurden

Beadsman: Fürbitter

Beard: Bart, Grannen, höflich trotzen, herausfordern, konfrontieren

Beard`s of Hercules: Nicht nur in der Bibel ist die Behaarung eines Mannes ein Symbol für seine Kräfte, bzw. seine Männlichkeit. Auch dem Bartwuchs kam hierfür eine große Rolle zu

Bearing-cloth: Taufkleid

Beat: Schlagen, stoßen, flattern, besiegen, überwältigen, treiben, anklopfen, pochen, schütteln, peitschen, zerschlagen, hämmern, zerschmettern, schmieden, trommeln, nachdenken, grübeln, eine Spur legen

Beaver: Helm mit Visier zum Schutze der unteren Gesichtshälfte (Geiferlatz, Kinnstück des Helmes)

Beck: Mit dem Kopfe nicken um einem Befehl zu erteilen, einen Wink erteilen

Naked bed: Nackt im Bette. Nachthemden waren zu Shakespears Zeiten in Mode gekommen. Vorher war man, auch in Gemeinschaftsunterkünften, unbekleidet schlafen gegangen

Bed of Ware: Berühmtes, über drei Meter breites Bett. Es stand in Ware, in der Grafschaft Hardfortshire, ca. 30 Kilometer nördlich von London. Heute im Victoria and Albert Museum

Bedlam beggars: Irre Bettler. Bedlam wird das Hospital of St. Mary of Bethlehem in London von 1246 genannt, welches als Irrenanstalt und Aufbewahrungsort diente

Beetle: Käfer, Rammbock, sehr starker Kater (Kopfschmerz) nach Drogenmißbrauch. Vor der Einführung des Reinheitsgebotes für Bier, und andere alkoholische Getränke, war es üblich, neben den auch heute noch gebräuchlichen Zutaten, bewußtseinsverändernde Stoffe hinzuzufügen. Durch Zusatz von Kräutern, wie z. B. Stechapfel, Bilsenkraut oder verschiedenen Pilzen ließen sich sehr schwere und lang anhaltende Räusche hervorrufen

Beetle-brows: Überlange, buschige, überhängende Augenbrauen. Einer Person mit zusammengewachsenen Augenbrauen war, nach dem Volksglauben, nicht zu trauen

(The beggar and the king): Ballade vom afrikanischen König Cophetua, der sich in die Bettlerin Penelophon verliebte

Beggar at Hallowmas: An Allerheiligen (1.11.) zogen die Bettler herum um für die Seelen der Verstorbenen zu beten, und um milde Gaben vor dem Wintereinbruch zu erbitten

Beguile: Betrügen, täuschen, berauben, hintergehen, ablenken, verraten

Being: Aufenthaltsort, Wohnung, Leben, Dasein, während

Bel: Babylonischer Gott, chaldaerischer Seher

Belee: Windabgewandte, runtergedrückte Seite eines Segelschiffes, Lee

Belfry: Spitze des Kirchturmes, Glockenturmes in dem die Glocken aufgehängt sind

Belgia: Das heutige Belgien und Holland

Belie: Verleumden, falsch darstellen, lügen

Belike: Wahrscheinlich, vielleicht, wie es scheint, ich nehme an, es sollte erscheinen wie

Bell, book and candle: Exkommunikation aus der katholischen Kirche. Der Schluß des Bannes lautete: go to the book, quench the candle, ring the bell

Bellona: Römische Kriegsgöttin, Due(l)lona, Gattin oder Schwester des Mars

Belonging: Ausstattung, Besitz

Be-mete: Maß nehmen, abmessen, etwas bemessen

Be-moil: Beschmutzen, verschmieren, nässen, befeuchten

Bench-hole: Plumsklo, Abort, Nachtstuhl

Bending: Zielen, richten, lenken, beugen, neigen, tendieren, sich verneigen, sich verbeugen, sich bewegen, sich wenden nach, krumm, schief

Bent: Anspannung, Neigung, Blick

Benumb: Unbeweglich, starr, benommen, erstarrt

Bergomask dance: Komischer, ländlicher Bauerntanz aus Bergamo, Italien

Bermoothes: Bermudainseln im Atlantik

Beschrew: Leiden lassen, ein milder Fluch

Bestowed: Verstauen, verwenden, verschließen, (aus)geben, bewilligen

Bestraught: Verwirrt, zerstreut

Beteem: Bewilligen, erlauben, gewähren

Bevis: Sagenhafter, mittelalterlicher, sächsischer Ritter der den Riesen Ascapart besiegte (Nach der Eroberung Englands durch die Normannen)

Bewray: Verraten, offenbaren

Bezonian: Gemeiner, gewöhnlicher Begleiter

Bias cheek: Die ausgewölbten Backen eines Trompetenbläsers. Auf alten Landkarten wurden die Winde als Gesichter oder Personen dargestellt

Bigamy: Eheschließung mit einer Witwe, verboten durch ein katholisches Kirchenkonzil in Lyon 1274

Biggin: Kappe, Mütze, Haube. Eigentlich: Nachtmütze

Bilberry: Blaubeere, Heidelbeere

Bilbo: Spanisches Schwert, durch Hitze gehärtet, aus Bilbao (Baskenland)

Bilboes: Eisenfessel verbunden mit Eisenstangen als Strafe für meuternde Matrosen (Hand- bzw. Fußschellen)

Blench: Wankelmut, eine Reise beginnen, auffliegen

Blent: Gemischt, vermischt

Blind-worm: Blindschleiche

Blood-boltered: Mit Blut beschmiertes, verschmiertes Haar
Blood in the liver: Man glaubte die Leber produziere das Blut, welches zugleich für den Mut verantwortlich sei. Ein Feigling hatte eine blutlose Leber
Blower-up: Sprengmeister, Pionier beim Militär
Blown: Geschwollen, aufgedunsen
Blows: Schläge, Treffer, Verletzungen, Schmerzen, die Stimme eines Blasinstrumentes, blähen, strömen, atmen, nach Luft schnappen, schnaufen, keuchen, blasen, pusten, puffen, anschwellen, aufblasen, aufpumpen, aufblähen
Blue cap: Schotte (mit blauer Wollmütze)
Blue eye(d): Mit dunklen Ringen unter den Augen, bläuliche Augenlider als Zeichen einer Schwangerschaft
Blunt: Ein Name, schwächen, mildern, unterdrücken, beeinträchtigen, dumm, debil, stumpf, rücksichtslos, einfach
Boar-spear: Sauspieß, ein großer, kräftiger Speer für die Jagd auf Eber, besonders für die Jagd ohne Schußwaffen
Board: Holzbrett, Tisch, bevollmächtigte Versammlung, ansprechen, werben, Jemandem den Hof machen, Jemandem seine Aufwartung machen, entern, versorgen, beköstigen. Eigentliche Bedeutung: an Bord gehen
Bob: Schlag, Klopfen, Klaps, übertölpeln, zum Narren halten, erschwindeln, verprügeln, sich ruckartig bewegen
Bodge: Nachgeben, weichen
Bodkin: Kleiner Dolch
Boheme, Bohemia: Böhmen, Tschechien
Boitier: Salbentiegel
Bolted: Gesiebt, veredelt, geläutert, gesichtet, geprüft
Boltered: Beschmiert, beschmutzt, besudelt
Bolting-hutch: Hölzernes Gefäß, Schachtel für gesiebtes Mehl
Bombard: Weinschlauch aus Leder
Bombast: (Farbiges) Futter von Kleidern, Zierborte. Auf vielen Portraits der Renaissance, kann man die typischen Schlitze mit farbigem Futter sehen. Besonders Ärmel und Brust wurden so geschmückt
Bone-ache: Schmerzende Knochen, Gelenke als Hinweis auf eine fortgeschrittene Geschlechtskrankheit?
Boot: Stiefel, Beute, Gewinn, Vorteil, Zugabe, Geschenk, Stiefel anziehen, nützen, helfen, präsentieren, zeigen
Bore: Kaliber einer Waffe, Loch, durchlöchern, übertreiben
Boreas: Griechischer Gott des Nordwindes, Windgott aus Thrakien
Bores: Stiche, Wunden, Ohren
Born under Saturn: Betrübt, übellaunig, melancholisch durch den Einfluß des Saturnes. Die Astrologie erfreute sich damals großer Beliebtheit, so auch die Vorstellung, das die Stellung der Planeten zu dem Zeitpunkte der Geburt prägend für das ganze Leben seien
Bosky: Voller Unterholz
Botcher: Kunststopfer, -schneider. Jemand, der alte, verschlissene Kleidung flickt und ausbessert
Bots: Larven der Pferdebremse, eines Parasiten des Pferdes
(Hang me in a bottle like a cat): Anspielung auf einen Volkssport in England bei dem Katzen zusammen mit Ruß in Flaschen oder Fässer gesteckt wurden. Diese Flaschen wurden aufgehängt und sollten mit Pfeilen von unter zerschlagen werden. Wem das gelang, ohne daß der Ruß oder die Katze auf ihn fielen, der gewann
Bottled spider: Aufgedunsene großbäuchige Spinne, deren Körperform (Hinterleib) an eine kugelförmige Flasche erinnert, wie sie damals üblich waren
Bourn: Grenze, Bach
Bow: Joch, Gespann, Schießbogen, Regenbogen, beugen, biegen, neigen, herunterdrücken, nachgeben, sich verbeugen, sich bücken, sich anpassen, sich fügen
Bow-boy: Cupido, Eros, der Gott der Liebe. Er schießt Pfeile auf Menschen ab, die sich daraufhin verlieben
Hold or cur bow-string (s): Ganz oder gar nicht, komme was da wolle, halte dein Versprechen! Ein Bogen mit durchtrennter Sehne ist nutzlos, da sich die Sehne nicht reparieren läßt, man braucht dann eine Neue
Brace: Rüstungsteil für den Arm (Ritterrüstung) Paar, Pärchen, vorbereiten, spannen, sich vor etwas schützen
Brach: Bracke, Jagdhund (französischer Vorstehhund für die Jagd auf Fasan, Rebhuhn, Wachteln etc.)
Brack: Etwas Salzen
Braid: Gerissen, schlau, fremd, falsch, etwas vorwerfen, verfluchen, weben
Brainford: Brentford in der Nähe der Kew Gardens, London
Brake: Dickicht (Stechginsterbusch)
Brands: Fackeln des Amor. Neben Pfeil und Bogen gehört zur Darstellung des griechischen Liebesgottes auch die Fackel des Amor, Eros bzw. Cupido
Brave: Tapferkeit, Gefährdung, Herausforderung, tapfer, stattlich, höflich, fein, schön, glänzend, sich gut benehmen, etwas gut machen, sich tapfer zeigen, standhalten, trotzen, herausfordern, tyrannisieren, erregend, aufregend, herausfordernd, reizend
Brawl: Tanz der von einer oder zwei Personen angeführt wird. In Mode in Frankreich im 16. - 17. Jahrhundert, bis heute in Quebec. Ältester französische Volks- und Gesellschaftstanz. Polonäseartig im geraden Takte, meist mit Gesang. Als gemessener Tanz: Branle simple, als lustiger Tanz : Branle gay. Mißklang, Krach, Zank, Duel, Streit, streiten, lärmen, schreien
Break with: Ein Geheimnis mitteilen, in ein Geheimnis einweihen
Breast: Brust, Busen, Herz, musikalische Stimme, sich gegen etwas stemmen
Breath: Atem, Luft, Hauch, Atemzug, Bewegung, Worte, Sprache
Breathe in your watering: Atempause, mach eine Pause beim Trinken, herunterstürzen. Nun mach mal halblang!

Breathed: Mit genug Atem, trainiert
Breathing: Unterbrechung, Pause, Verzögerung
Breeching scholar: Schüler, der noch mit der Rute geschlagen wird
Breedbate: Die Grenzen guten Benehmens überschreiten, einen Streit hervorrufen
Breeched: Verhüllen, verschleiern, verdecken
Breese: Bremse, eine dicke, kräftige Fliege. Weibliche Tiere sind starke Blutsauger, die an schwülen Tagen Menschen und vor allem Vieh mit ihren schmerzhaften Stichen quälen und Krankheiten übertragen können
Bridal: Hochzeit, Hochzeitsfest
Brief: Brief, kurze Auflistung, Bericht, kurz, kurz gesagt, wenig Zeit verbringen mit
Britain: Bretone, Bretonin, England, Engländer
Brit(t)aine: Bretagne, Nordfrankreich
British: Bretonisch, engländisch
Brize: Bremse (Parasit bei Wiederkäuern) *siehe Breese*
Broached: Befestigt, aufgespießt, durchbohrt, durchstochen, begonnen
Brock: Dachs, ein Ausdruck des Vorwurfs (Frechdachs)
Broken: Zahnlos
Broken-music: Musik auf Zupfinstrumenten (Harfe, Laute). Diese waren nicht in der Lage lange genug zu klingen, ohne erneut angeschlagen zu werden
Broker: Ehestifter, Zuhälter, Kuppler, Vermittler
Flying at the brook: Jagd mit Falken und anderen Greifvögeln auf Wasservögel
Brow: Augenbraue, Stirn, Aussehen, Gericht
Brown-bill: Kriegshellebarde, Bewaffnung der englischen Infanterie
Brownist: Mitglied einer puritanischen Sekte. Gegründet von Robert Brown um 1580
Brown paper: Als brown paper merchants werden die Wucherer bezeichnet, die das Darlehen mit einem Kaufvertrage verbanden. Hierbei verkauften sie den Darlehennehmern überteuerte Waren um ihren Gewinn zu erhöhen, bzw. als Ersatz für Zinsen? Eigentlich war das Verleihen von Geld gegen Zinsen für Christen verboten
Bruit: Gerücht
Bruited: Eine Nachricht schreiend, brüllend übermitteln (mit viel Lärm)
Brush: Verletzung, Wunde, abschrubben, abbürsten
Lucius Brutus: Lucius Iunius Brutus, erster Konsul, befreite Rom 509 v. Chr. von den Tarquiniern und galt als Gründer der römischen Republik
Marcus Brutus: Marcus Iunius Brutus 85 - 42 v. Chr., auch nach Adoption durch seinen Onkel Quintus: Caepio Brutus. Von Julius Caesar 59 v. Chr. gestürzt. Kämpfte im Bürgerkrieg Anfangs gegen Julius Caesar und lief dann 48 v. Chr. zu diesem über. 44 v. Chr. Prätor, beteiligte sich an der Ermordung Julius Caesars, gehörte zu den Verschwörern gegen Julius Caesar, beging Selbstmord nach militärischer Niederlage
Buckle: Fibel, Schnalle, angurten, einschränken, beugen, nachgeben, einen Nahkampf bestreiten
Give thee the bucklers: Sich geschlagen geben, aufgeben, sich beugen, den Anderen als Sieger anzuerkennen und ihm den Schild überreichen, um sich selbst dadurch wehrlos zu machen
Bucklersbury: Straße in Cheapside, im Osten Londons, mit Händlern, Drogeristen, Apothekern und Kräuterläden, die zur Erntezeit vom Kräuterduft erfüllt war
Bug: Furchteinflößender Geist, Gespenst
Bulk: Körper, große Masse, Erker, Mauervorsprung, Schaufenster
Bumbard: Weinschlauch aus Leder
Bunting: Grauammer
Burgonet: Enganliegender, burgundischer Helm mit dem man den Kopf drehen konnte ohne den Nacken zu entblößen. Ein Helm für den perfekten Schutz, ohne Visier, für Fußsoldaten
Bush: Busch, Gesträuch, Schild eines Wirtshauses. Häufig hängte eine Weinschenke einen Efeuzweig heraus, um für sich zu werben
Busky: Bewaldet
Butcher`cur: Anspielung auf Kardinal Thomas Wolsey, dessen Vater ein Schlachter gewesen sein soll. Vielleicht ist hier auch der Hund eines Schlachters gemeint. Ein sprichwörtlich lasterhaftes und bösartiges Tier
Buttery-bar: Speisekammer, Weinkeller, der Ort an dem Hausdiener beköstigt wurden, vom französischen: boterie
Butt-shaft: Stumpfer Übungspfeil zum Schießen auf Zielscheiben
Buxom: Flink, lebhaft, frisch
By: Gemäß, nach, mittels, durch, bei, mit, nah, gegenwärtig, vorbei, nebenan, abseits, sich dazugesellen, sich nähern, büßen, wiedergut machen, auf der Seite von
By cock and pie: Verballhornung von God cock`s body, bei Gott, Gott steh uns bei
By`rlakin: Gemäß unserer kleinen Frau, der Gottesmutter Maria

C

Caddis: Ein schmales Band, Borte, Spitze, Tresse aus Kammgarn (Wolle), preiswertes Strumpfband

Cade: Ein Name, kleines Faß

Cadent: Fallend

Caduceus: Stab mit zwei verschlungenen und mit den Köpfen einander zugekehrten Schlangen, das Attribut des Hermes. Ein Zauberstab mit dem Hermes die Seelen der Verstorbenen hinter sich herzieht in die Unterwelt. Der Stab dient auch zur Weissagung

Cadwallader: Letzter keltischer König um 700 n. Chr.

Cage: Käfig, Gefängnis, Korb

Cain-coloured: Rötlich

Caitiff: Sklave, Schurke, Schuft

Cakes and ale: Anspielung auf die Puritaner, welche sich gegen Volksfeste, Kirchweihen, Feiertage aussprachen, an denen Speis und Trank geboten wurde

Calaber: Kalabrien, Süditalien

Calculate: Prophezeien, vorhersagen, überlegen, planen

Calf`s skin: Adlige die Geisteskranke zum Zeitvertreib und zur Belustigung hielten, pflegten diese zur Unterscheidung von den Anderen mit einem Kalbsledermantel zu bekleiden, welcher auf dem Rücken zugeknöpft war (Zwangsjacke)

Calipolis: Charakter eines zeitgenössischen Schauspieles von George Peele: The battle of Alcasar. Calipolis ist die Mutter von Muly Mahamet

Caliver: Schußwaffe, Muskete, Büchse

Callat, Callet, Callot: Lüsterne Frau, Hure, Dirne

Callice: Calais, Nordwestfrankreich

Calm: Windstille, ruhig, ungestört, klar, heiter, windstill, beruhigen, aufklären, die Segel aus dem Wind drehen

Calydon: Kalydon, antike Hauptstadt Ätoliens, das heutige Kurtaga, östlich von Messolongien am Golf von Paträ. Prince of Calydon ist Meleager. Als er seinen Onkel tötete, rächte sich seine Mutter Althaea durch das Verbrennen des Holzscheites, durch dessen Vernichtung sein Leben endete

Cambria: Wales

Cambyses: Charakter im gleichnamigen Stück von Thomas Preston

Camelot: Legendäre Hauptstadt des König Arthur in Somersetshire, bekannt für die Gänsezucht in Südwestengland

Canary: Alter französischer Tanz in schnellem Takte. Ursprünglich stammt dieser Tanz wohl aus Italien oder Spanien. Der dreiachtel, sechsachtel oder dreiviertel Takt dieses Tanzes wird mit lebhaften und heftigen Hüpfschritten, Gegenbewegungen und Hakenschlagen verbunden. In der Renaissance war dieser Tanz sehr beliebt. Süßer Wein von den Kanarischen Inseln, tanzen

Candle-holder: Zuschauer, Betrachter

Candle-waisters: Jemand, der die ganze Nacht aufbleibt und trinkt, Bücherwurm, Besserwisser

Candy: Candia, das heutige Heraklion, Kreta

Canker: Hundsrose (Wildrose in Europa). Wurde gegen Lungenschmerzen eingesetzt, Insektenraupe, Krebsgeschwür, verdorben, aufgefressen, zerstört, erkranken, entarten

Canstick: Kerzenhalter

Cantel, Cantle: Ecke, Stück, Teil

Canton: Lied, Gedicht, Gesang

Canvas: Segelleinwand, grobes Leinen

Canvas-climber: Matrose in den Wanten

Cap: Haube, Hut, Mütze, Kardinalshut, das Höchste, übertrumpfen

Capable: Begabt, fähig, weit, groß, geräumig, aufnahmefähig, leicht zu beeindrucken, empfänglich, vererbbar

Capaneus: Einer von sieben Heerführern, die Theben eroberten und Eteocles stürzten

Capitulate: Eine Übereinkunft treffen, einen Vertrag aufsetzen

Capricious: Lüstern, schlüpfrig, tierisch, verspielt

Captious: Aufnahmefähig, geräumig

Car(r)ack: Großes portugiesisches oder spanisches Handelsschiff aus dem 15. - 17. Jahrhundert (Galleone)

Carbonado: Narbig, vernarbt, unregelmäßig, geschlitzt

Card: Windrose auf einer (See-) Karte, Spielkarte, eine Spielkarte, die alle Hoffnungen zunichten macht (der schwarze Peter), mischen und verdünnen

By the card: Sehr genau, kleinlich, pingelig, in allen Einzelheiten den Regeln entsprechend

Card or calendar of gentry: Musterbeispiel für adeliges Wesen an jedem Orte und zu jeder Zeit

Cardecue: Quart d`ecu. Französische Silbermünze von etwa acht, 15 oder 18 Pence

Carduus Benedictus: Distel, deren Heilwirkung erst zur damaligen Zeit entdeckt wurde. Sie wirkt bei Nervenleiden, Blutarmut, Magen-Darm Erkrankungen, Leber und Gallenleiden und eignet sich zur Wunddesinfektion

Careires, Career: Lauf, Fortgang, Arena, Bühne, Angriff, Runde

Carentan: Carentine in der Normandie, Nordfrankreich

Carkanet: Kragen, Halskette aus Gold und Edelsteinen

Carl: Bauer, Hanswurst, Bauerntölpel, Tolpatsch

Carlot: Bauer, Landwirt

Carper: Kritiker, Spötter

Carpet-consideration: Für Verdienste beim Höfe, ohne militärische Erfahrungen
Carriage: Eingeführte Güter, Importe, Ladung, Fuhrwerk, Kraft, Macht, Leitung, Führung, Bewegung, überbringen
Carried: Geführt, geleitet, befehligt, befördert, übermittelt, gewonnen, erlangt, ausgeführt
Carry: Einführen, abladen, bringen, stützen, tragen, besitzen, sich benehmen, ausliefern, überbringen
Carry coals: Beleidigungen einstecken, sich alles bieten lassen, jede Kränkung hinnehmen, sich erniedrigen
Draw with cars: Auseinanderziehen, vierteilen. Eine der seinerzeit beliebten grausamen, qualifizierten Todesstrafen
Cart: Zweirädriger Streit- oder Triumphwagen des Apollon in der griechischen Mythologie, Karren mit dem Verurteilte zur Hinrichtung gebracht und während des Transportes zur Schau gestellt wurden, Bauernwagen (Leiterwagen)
Carve for: Jemandem einen Gefallen tun, Jemanden damit erfreuen, nachgeben, nachsichtig sein, frönen
Case: Möglichkeit, Wahrscheinlichkeit, Umstände, Zustände, Rechtsfall, Rechtsfrage, Frage, Beugung der Nomen, Schachtel, Futteral, Garnitur, Paar, verpacken, verstecken, maskieren, verhüllen, umgeben, bedecken, häuten, das Fell abziehen   (Fuchsfell)
Casque: Auffällige und große geschmückte Schmuckhelme
Cassibelan: Keltischer König im 1. Jahrhundert v. Chr., Bruder oder Onkel von Cymbeline
Cassock: Militärischer Übermantel, Überzieher eines Reiters
Cast: Gießerei, Wurf mit Würfeln, Spur, Färbung, wegwerfen, werfen, fallen lassen, zu Boden werfen, aufwerfen, aufschütten, abwerfen, herauswerfen, hervorwürgen, erbrechen, ablegen, gießen, vergießen, aufgeben, wegschmeißen, entlassen, entleeren, fernhalten, schenken, spenden, verleihen, geben, versetzen, platzieren, hinwenden, sich richten an, ein Los werfen, würfeln, zusammenrechnen, berechnen
Cast the water: Urinuntersuchung (Farbe, Geruch, Geschmack) durch einen Arzt
Castigation: Strafe, Kasteiung, Disziplinierung, Zurechtweisung, Züchtigung, Demütigung, Erniedrigung
Castilian: Schimpfwort (Ein Fremder aus Kastilien). Alles Fremde ist zu dieser Zeit suspekt, bedeutet einen Makel, ist verdächtig
Castiliano vulgo: Heuchlerischer Ausdruck der Verachtung
Cataian: Chinese, Betrüger, Spitzbube. Abgeleitet von Catai = China.
Cataplasm: Pflaster, Salbe, Verband
Catilines: Catilina Lucius Sergius um 108 - Feb. 62 v. Chr., 68 Prätor, wollte den Senat am 1.1. und 3. 2. 65 v. Chr. stürzen und mit Anderen die gewählten Consuln ermorden. Wegen späterer Revolten mußte der Patrizier fliehen und verlor sein Leben
Catling: Saite einer Laute aus dem Dünndarm eines Schafes, hier aus den Sehnen des Ajax
Cat(t)erwaulin: Katzengeschrei, -gejaule, laut dröhnendes Singen
First and second cause: Gründe für ein Duell. Es gab mehrere Regelwerke, in Buchform, wann ein Duell gefordert werden durfte, bzw. mußte. Es galt der Grundsatz, die Ehre ist wichtiger und höherwertiger für einen Adeligen und Gentleman als sein Leben
Cautelous: Falsch, trügerisch
Cavale(i)ro: Vornehme Herren, modische Männer. Der Begriff ist wohl dem Spanischen entnommen. Caballero bedeutet dort: Reiter, Kämpfer, Edelmann, etc.. Er bezeichnet eine großzügige, noble und ausgezeichnete Person
Caviare, Caviary: Stör-Kaviar, ein besonderer Leckerbissen
Cease: Untergang, Auslöschung, aufhören, sterben, beenden, abbrechen, ablassen, umkommen
Censer: Duftlampe, Weihrauchfäßchen in dem parfümierte Harze etc. verbrannt wurden, um Räume auszuräuchern und den schlechten Geruch, bzw. Krankheitserreger, zu vertreiben
Censorinus: Spitzname von Cato dem Älteren. Marcus Porcius Censorius. Römischer Staatsmann 234 oder 239 - 149 v. Chr., so genannt weil er 184 Zensor wurde. Lehnte den Luxus und das Hellenentum ab
Censure: Urteil, Meinung, Verurteilung, Tadel, beurteilen, abschätzen, verurteilen
Centuries, Century: Einhundert, Hundertschaft von Männern
Ceremonious: Feierlich, ernst, formell, manieriert
Ceres: Römische Gottheit der Früchte und Ernte
Certes: Ernsthaft, wahrhaftig, sicher
Cess: Maßlos, übermäßig
Cesse: Aufhören, beenden
Chace: Erzielter Punkt beim Tennisspiel
Chair: Thron, Sänfte, Stuhl, Kanzel, Richterbank
Cham: Khan, mongolischer Heerführer
Chamber: Kleine Kanone, Residenz, Wohnraum, Salon, Abort, Kammerdiener, Titel Londons (camera regis)
Chamberer: Diplomat, Salonlöwe, eitler Geck
Chamber-lie: Urin, eine Anspielung auf die hygienischen Zustände
Champaigne: Compiègne, Picardy (Nordostfrankreich) 1430 von den Engländern besetzt
Champain, Campaign: Offene, flache Landschaft, eben, gerade
Chance: Glück, Geschick, Zufall, Ereignis, vom Glück geleitet, vorfallen, ereignen, vorkommen, zufällig, möglicherweise, wahrscheinlich
Change eyes: Volkstümliche Vorstellung, daß die Lerche und die Kröte die Augen getauscht hätten. Die Lerche habe die Häßlichen, die Kröte die schönen Augen bekommen
Changeling: Wankelmütiger Mensch, ein von Geistern entführtes Kind
Channel: Flußbett, Rinnstein, Ärmelkanal, durchpflügen

Chanticleer: Hahn bei Reinicke Fuchs und bei Chaucers: Nun`s priest`s tale

Character: Erklärung, Urkunde, Manuskript, Romanfigur, Handschrift, Brief, Erscheinung, äußere Merkmale die auf innere Qualitäten hindeuten, etwas aufschreiben, einritzen

Charactery: Die Art und Weise wie ein Brief geschrieben ist (Schrift)

Chare: Schwere Arbeit, Plackerei

Charge: Last, Ladung, Gepäck, Gewicht, Anklage, Kosten, Einsatz, Büro, Befehl, Kommission, Angriff, Obhut über eine Person oder Sache, militärischer Befehl, militärischer Angriff, militärischer Posten, aufladen, belasten, beauftragen, bevollmächtigen, befehlen, anklagen, vorschreiben, inständig bitten, herausfordern, aufrufen, zur Rechenschaft ziehen, für den Angriff vorbereiten, ein Geschütz laden

Charge-house: Schule, Erziehungsanstalt

Charge of foot: Abkommandierung an die Fußtruppen

Charlest: Sehr vorsichtig, sehr behutsam

Chariness: Ordentlichkeit, Gewissenhaftigkeit

Charing cross: Ort zwischen London und Westminster, heute eingemeindet

Charitable: Voller Mildtätigkeit, Nächstenliebe, Wohltätigkeit

Charlemain: Karl der Große, erster deutscher Kaiser, Karlmann, König von Italien und Deutschland, Sohn von Ludwig, Urenkel von Karl dem Großen

Charles`s-wain: Sternbild des großen Bären (Streitwagen Karls des Großen), Symbol der Wollust

Charneco: (Süßer) Wein aus dem Süden (Portugal)

Chartham: Dorf bei Canterbury, Südostengland

Chartreux: Kartäuserkloster in Grenoble, Orden der Kartäuser

Charybdis: Tochter des Poseidon, Meeresenge, Meeresstrudel bei Messina, zwischen dem italienischen Festland und Sizilien

Chaudron: Eingeweide von Tieren. Eigentlich: chauldron, chaldron

Cheapside: Großer Markt im Osten von London

Silly cheat: Stibitzereien, Betrug im Kleinen, Schwindel, Raub ohne Gewaltanwendung

Cheater: Steuereintreiber, Beamter der Finanzverwaltung, Schwindler

Check: Hindernis, Tadel, Vorwurf, beherrschen, schellten, unterdrücken, abweichen, sich zusammenreißen, zügeln, zurückhalten, befehligen, tadeln

Cheer: Eremitenstuhl, Fassung, Stimmung, Haltung, Gemütsverfassung, Heiterkeit, Fröhlichkeit, Aussehen, Nahrung, Mut, Unterhaltung, ermutigen, aufheitern, freudig begrüßen, anspornen, anregen, aufhetzen

Chequin: Goldmünze aus Italien und der Türkei, Wert etwa acht Schillinge

Cherry-pit: Spiel, bei dem Kirschkerne in ein kleines Loch zu werfen waren

Chevalier: Ritter

Cheveril: Weiches, dehnbares Leder vom Rehbock, vom französischen cuir de chevreuil

Chew: Kauen, wiederkäuen, etwas ausgiebig betrachten, bedenken, überlegen

Chewet: Pastete mit Fleisch und Minzsoße, Dohle als Symbol für einen Schwätzer, ein Plappermaul, vom französischen chouette

Chide: Ausschimpfen, schelten, streiten, lärmen, anbrausen, widerhallen

Child Roland: Der berühmteste Ritter Karls des Großen, Figur in einer alten, heute unbekannten, englischen Ballade

Chober: Zorn, Ärger, Bitterkeit

Chopine, chioppine: Damenschuhe mit hohen Absätzen, hoher Sohle, wie sie in Venedig getragen wurden

Choug: Dohle

Christian courtesy: Ohne Verzinsung. Christen war es verboten für das Verleihen von Geld Zinsen zu verlangen

Christom: Taufkleid, Taufdecke. Eigentlich: chrisom. Täuflinge, die innerhalb eines Monats starben

Chrysolite: Chrysolit, Olivin, Peridot, ein grünliches Mineral, Halbedelstein

Chrystals: Augen, Kristallglas, aus Kristallglas gemacht, strahlend

Chuck: Hahn, Huhn, Hähnchen, Hühnchen, ein Ausdruck dafür, etwas besonders zu schätzen, zu lieben, Kosename

Chuff: Geiziger Langweiler, Jemand, der nicht zu leben weis

Ciceter: Cirencester, Marktstadt in Gloucestershire, Südwestengland

Cinque ports: Die englischen Hafenstädte: Hastings, Romney, Hythe, Dover und Sandwich. Diese mußten auf eigene Kosten Kriegsschiffe zur Verfügung stellen. Dafür erhielten sie Privilegien. Unter anderem stellte jede Stadt zwei Abgeordnete für das Parlament. Die barons of the cinque-ports

Circe: Kirke, Tochter des Helios oder des Aietes, Zauberin, welche Odysseus auf Aeaea festhalten wollte, indem sie seine Mannschaft mit einem Zaubertrank in Schweine verwandelte

Circumstance: Verfassung, Zustand, Lage, Umstand, Vorkommnis, Zufall, Zeremonie, Einzelheit, Besonderheit

Cital: Bericht, Erzählung

Cite: Vorladen, anregen, zitieren, drängen, erzielen, aufrufen, auffordern, erwähnen

Civil: Die Bürger eines Staates betreffend, manierlich, höflich, anständig, friedfertig, bürgerlich

Civil doctor: Doktor nur der Zivilrechte und nicht des Kirchenrechtes, also kein Doktor beider Rechte!

Clack-dish: Bettlerschüssel mit klapperndem Deckel zum Erbetteln von Lebensmitteln

Claw: Klaue, Jemandem schmeicheln, kraulen

Clear-story: Oberlichter, hohe Fenster im Chor einer Kirche, bei einer Basilika über den Seitenschiffen

Cleitus: Sohn der Amme von Alexander dem Großen, wurde durch Alexander mit einem Speerwurf bei einem Gelage getötet

Clement`s Inn: Gerichtsgaststätte in der Nähe des Strand (London), Treffpunkt von Jurastudenten
Clerkly: Erlernt, gelernt, mit schöner Handschrift, künstlerisch, lehrerhaft, belehrend, kalligraphisch, akademisch
Cliff: Musikalischer Notenschlüssel, Abhang, felsiges Ufer
Cling: Herumwinden, schrumpfen, fest umarmen
Clinquant: Glänzend, funkelnd, glitzernd, scheinend
Clip: Umarmen, einpferchen, scheren, abkürzen, verringern, schlagen, klatschen, rufen, nennen
Clothair, Clotharius: Fränkischer König des 6. Jahrhunderts
Clout: Ein Stück Stoff, weiße Zielmarkierung (Stofflappen) auf einen Zielscheibe, auf die ein Bogenschütze zielt
Clown: Narr, Spaßmacher, Bauer, Landei
Clubs: Typischer Ausruf bei einer Straßenschlägerei, Ruf nach Verstärkung, nach der Polizei, nach Metallstöcken (Club = Metallstock, Keule)
Clutch: Zur Faust ballen, zupacken, greifen
Coach-fellow: Ein Pferd in einem Gespann von mehreren Pferden vor einem Wagen
Co-active: Mitwirkung, Zusammenarbeit, Einverständnis
Coast: Küste, steuern, segeln in Sichtweise zur Küste, sich herantasten, wie ein Freier zögernd die ersten Schritte wagen, auf Freiersfüßen
Cobloaf: Unebener kleiner Brotleib mit dicker Kruste, dunkles Roggenbrot aus gesäuertem Teige (?) mit einem runden Aufsatz
Cock: Waldschnepfe, Hahn, Wasserhahn, Zapfhahn, Wetterhahn, Hahn einer Pistole, Verballhornung für Gott, kleines Ruderboot
Second cock: Drei Uhr nachts
Cockle: Unkraut (Kornrade, Kornrose, Gras). Gelangten die Samen zusammen mit dem Getreide ins Essen, so führten sie zu Verstopfung, Erbrechen oder Bewußtlosigkeit
Cockled: In einem Schneckenhaus, Muschel lebend, verschlossen, eingeigelt, gepanzert, geschützt, unerreichbar
Cockpit: Hahnenkampfarena, Parkett, die billigen Stehplätze im Theater
Cock-shut-time: Dämmerung, Zwielicht am Abend
Cocytus: Kokytos, einer der Flüsse, welche die Seelen der Toten, nach antiker, griechischer Vorstellung, überwinden mußten
Codling: Unreifer Apfel
Codpiece: Gürteltasche, Schamkapsel für Männer, vor bzw. über den Hosen zu tragen
Coeur-de-lion: König Richard I 1189-1199, Richard Löwenherz (Ritter, Kreuzritter)
Coffer: Kiste, Truhe, Kasten, (Geld-)Kassette, abschließbares Behältnis, Schatz, Vermögen, Bargeld, Gepäck, ablegen, bergen
Coffin: Sarg, die Höhlung, das Loch einer aufgegangenen Pastete
Cog: Falsches Zeugnis ablegen, lügen, betrügen
Cognizance: Abzeichen, Kennzeichen. Eigentlich: cognisance
Coign(e): Ecke, Erker
Coil: Hetze, Aufruhr, Getue, Durcheinander
Colbrand: Dänischer Riese ermordet von Sir Guy of Warwick
Colchos: Kolchis, antiker Name der Küste an der Südostecke des Schwarzen Meeres, bis zum Rande des Kaukasus. Das Ziel der Argonauten, Ursprung des goldenen Vlieses
Cold: Kalt, kühl, keusch, unempfindsam, unentschieden, unerfreulich, hoffnungslos, unbequem, vorsätzlich, überlegt, kaltblütig, einer kalten Spur folgend, einer falschen Fährte folgend
Colebrook: Colnbrook bei Windsor, Südengland
Collateral light: Scheinbare Bewegung der Sterne auf einander zu, ohne aufeinander zu stoßen, da sie auf verschiedenen Sphären wandeln
Collect: Schlüsse ziehen, entdecken, daraus schließen, schaffen, zusammentragen, sammeln
Collection: Schlußfolgerung
Collied: Geschwärzt, verkohlt, verrußt, verdunkelt
Collier: Köhler, Kohlenhändler
Colmekill: Iona, Insel vor der Westküste Schottlands, traditioneller Begräbnisplatz der schottischen Könige
Colmes inch: Inchcomb, Inchcolm eine Insel im Firth of Forth, nördlich von Edinburgh
Coloquintida: Bitterapfel, botanisch: Citrullus colocynthis, mehrjährige Kletterpflanze aus dem tropischen Asien und Afrika. Orangenähnliche, sehr bittere Frucht, wirkt stark abführend
Colossus: Antike Riesenbronzestatue am Hafen von Rhodos, der Koloß von Rhodos
Colour: Farbe, Aussehen, Färbung, Anflug, Spur, Art, Gattung, Täuschung, Trugbild, Vorwand, Linderung, Beschönigung, Anschein von Rechtschaffenheit, Signal, Abzeichen, Fahne, färben, vortäuschen, bemänteln, beschönigen, lindern
Colourable: Gut, schön, richtig, wohlgefällig
Colt: Junges Pferd, junger närrischer Begleiter, aus Jemandem einen Narren machen, aufsteigen, satteln (vollzogener Geschlechtsverkehr)
Co-mart: Mündlich abgeschlossener Handel, Kauf, Vertrag
Combinate: Verlobt
Combine: Verbinden, zusammenführen, teilnehmen, vereinigen
Commend: Gruß, Kompliment, Empfehlungs(brief), erinnern, empfehlen, preisen, begehren, liefern

Commission: Vollmacht, Autorität, Befehlsgewalt, Befehl, Gesandschaft, Bevollmächtigte, Regierungsbefehle, Friedensgericht, Obhut, Vereinigung von Amtsträgern

Commodity: Laden, Lager, Geschäft, Depot, Bequemlichkeit, Profit, Gewinn, Waren, Güter, Vorteil, Ladung von Waren und Gütern

Commonty: Komöd e, Lustspiel

Commotion: Aufruhr, Rebellion, Bürgerkrieg

Compact: Vertrag, Übereinstimmung, verbinden, zusammenfügen, festigen, bestehen, komponiert, zusammensetzen, vereinigen, verkörpern, solid, verbunden, verbündet

Companion: Kamerad, Gefährte, Kerl, Bursche, Freund, Begleiter, Standesgenosse, zusammen bringen, gleich machen

Company: Kompanie, Kamerad, Gefährte, Begleiter, Gesellschafter, Gesellschaft, Mannschaft eines Schiffes, Leute, sich unterhalten, freundliche Beziehungen unterhalten, eine Versammlung von Leuten, Gesellschaft leisten

Comparative: Spötter, Witzbold, schnell vergleichend, schnell abschätzend, als Vergleich herhaltend

Compare: Vergleich, Vergleiche anstellen, sich als gleich denken, vergleichen, abschätzen

Compass: Kreis, Grenze, Bereich, Kompaß, abrunden, beugen, biegen, einkreisen, umrunden, in Besitz nehmen, einnehmen, hervorbringen, herausbringen

Compassionate: Klagend, bemitleidend, voller Mitleid

Competitor: Verbündeter, Verbrüderter, Genosse, Mitbewerber, Konkurrent

Complement: Formalität, Gefälligkeit, Vollendung, Zeremonie, Höflichkeit

Complexion: Laune, Stimmung, Wesen, Aussehen, Gesichtsfarbe

Comply: Untertänig, höflich, gefällig, respektvoll

Compose: Formen, zusammenführen, verfassen, bilden, sich einig werden, verbinden, dichten

Composition: Vertrag, Vergleich, Körperbau, Figur, Zusammenführung, Übereinstimmung, Harmonie

Composture: Dünger, Mist

Comptible: Empfindsam, einfühlsam

Con: Herzensangelegenheit, lernen, dankbar sein, sich zu Eigen machen

Conceit: Phantasievoller Gedanke, Plan, Idee, Erfindung, Einbildung, Intelligenz, Hervorbringung, Verständnis, Verstand, Geburt, beurteilen, gestalten, denken

Conceited painter: Geistreicher, raffinierter, scharfsinniger, vom Gegenstand erfüllter Künstler

Concent: Harmonie Wohlklang, Stimme, Beratung, Konzert, Übereinkunft, Übereinstimmung, Einverständnis, Intelligenz, Wahl, übereinstimmen, zustimmen

Conclusion: Ende, Schluß, Schlußfolgerung, Rätsel, Erfahrung, Versuch, endlich, schließlich, in Kürze

Concupy: Verlangen, Lust, Geilheit

Condition: Stimmung, Charakter, Bedingung, Güte, Vertrag, Rang, Neigung, Vereinbarung, Abkommen, Eigenschaft, Gelegenheit, Gewohnheit, Stand

Condolement: Trauer, Ausdruck des Dankes

Conduct: Führer, Leiter, Befehl, Geleit, Eskorte, Befehlshaber, Befehlsgewalt, Begleiter, befehlen, begleiten

Coney-catch: Betrügen, täuschen

Confession: Bekenntnis, Geständnis, Beichte, beichten

Confound: Verbrauchen, abnutzen, verwüsten, zerstören, verwirren, ruinieren, verschleißen, überraschen, verblüffen, verwirren, erstaunen, bis zur Unkenntlichkeit vermischen

Conger and fennel: Meeraal und Fenchel. Beide galten als stimulierend. Ob der eigentlich ungenießbare Meeraal (verwandt mit der Maräne) tatsächlich mit Fenchel zusammen zubereitet wurde, um den unangenehmen Geschmack zu überdecken, bleibt wohl ein Geheimnis der englischen Küche, oder es handelte sich um eine Art von Mutprobe wie bei den flap-dragons

Conject: Vermuten, raten

Conjecture: Verdacht, Vermutung, Idee

Consign: Übereinstimmen, zuweisen, zuteilen

Consist: Ansprüche geltend machen, auf etwas bestehen, beharren auf, seinen Prinzipien treu bleiben, abhängig von, berührt durch, zusammengesetzt aus

Consort: Gesellschaft, Gefolgschaft, Musikkapelle, mit Jemandem in Verbindung bleiben, in Jemandes Gesellschaft bleiben, mit Jemandem zusammen bleiben, zusammen musizieren, Gesellschaft leisten, begleiten, sich zusammen tun

Constancy: Stabilität, Konsistenz, Treue, Bestand, Beharrlichkeit, Selbstbeherrschung

Constantly: Sicher, unerschütterlich, treu, beharrlich, fest, sicherlich, bestehend

Conster: Übersetzen, interpretieren, auslegen

Contemptible: Niedrig, verächtlich, gemein

Continent: Behälter, Behältnis, Festland, Hülle, Gefäß, zurückhaltend, unterdrückend, frei von sexuellem Verlangen, einschränkend, enthaltsam

Continents: Sandbänke in einem Flußlauf, Uferböschung, Untiefe

Continuate: Ununterbrochen, beständig, (an)dauernd

Contraction: Ehevertrag, Eheversprechen

Contrarious: Gegenseitig, ungünstig, widersprüchlich, unvereinbar

Contrive: Verbrauchen, aufbrauchen, verschleißen, ausgeben, planen, ausdenken, zusammen wirken, verschwören, aushecken, intrigieren

Control: Befehl, Macht, Kontrolle, Zurückhaltung, Beschränkung, zurückhalten, befehlen, überprüfen, beherrschen, überwältigen, verhindern, abhalten,

Convent: Kloster, einladen, auffordern, bestellen, brauchbar, bequem, passend
Conventicle: Geheimes Treffen, Zusammenkunft
Conversation: Umgang, Benehmen, Verhalten, vertrauensvolles Gespräch
Converse: Umgang, Gespräch, reden, diskutieren, verkehren
Conversion: Verbesserung, Veränderung der Verhältnisse zum Guten
Convertite: Bekehrter, Verwandelter
Convey: Tragen, transportieren, aufladen, verschwinden lassen, verstohlen agieren, klauen, stehlen, austauschen, mitteilen
Conveyance: Transport, Verbringung, Transportmittel und Möglichkeiten, Bewilligung, Umwidmung, Umschreibung, Gewandtheit, Behändigkeit, Taschenspielereien, Tricks, Unterschlagungen, Betrügereien
Convict: Überwältigen, besiegen, untergehen
Convince: Überführen, überwältigen, unterwerfen, überreden, überzeugen, zeigen, verschlucken, prüfen, befriedigen, beweisen
Convive: Bewirten, schmausen, sich an etwas weiden
Cope: Firmament, Treffen, begegnen, auf etwas stoßen
Cophetua: Afrikanischer König der Balladen, der sich in eine Bettlerin (Penelophon) verliebte
Copped: Aufgehäuft, steil aufragend
Copy: Thema, Original, Abschrift, Nachdruck, Abbild, Pacht, Beispiel, abdrucken, nachahmen
Coragio: Mut
Cordelion: König Richard I 1189-1199, Richard Löwenherz, Ritter, Kreuzritter
Corin: Beispiel eines liebeskranken Hirten
Coriolanus: Gnäus Maricus, erpreßte das Volk von Rom 491 v. Chr. während einer Hungersnot auf das Volkstribunat zu verzichten. Floh in die Verbannung vor den Plebejern und verbündete sich mit den Volskern. Nur auf Bitten seiner Frau und seiner Mutter verzichtete er auf die Eroberung Roms. Wurde von seinem Gastgeber Attius Tullus, während der Verbannung, getötet. Seinen Namen erhielt er für die Eroberung der Volskerstadt Corioli 493
Corky: Geschwächt, verwelkt, rauh, uneben, runzelig, verwittert
Corollary: Überschuß, Überzähliger
Corrigible: Verbesserde, korrigierte, berichtigende, fügsam, unterwürfig
Costard: Ein Name, lächerlicher Ausdruck für einen Kopf, Schädel
Coster-monger: Krämerseele, Straßenhändler von Früchten und Gemüsen
Cote: Hütte, Kate, einholen, überholen, hinter sich lassen
Cotsale, Cotsall: Cotswold, in Gloucestershire, Westengland
Cotswold man: Liebhaber der Jagd, von Wettrennen und Ringkämpfen, für die diese Stadt berühmt war
Count: Englischer Graf, Rechnung, Verantwortung, Gegenklage, berechnen, zur Verantwortung ziehen, zählen, denken, schätzen, zur Kenntnis nehmen
Countenance: Miene, Gesicht, Benehmen, Auftreten, Beliebtheit, Gunst, Gönnerschaft, Leumund, Ansehen, Würde, unterstützen, bevorzugen, schützen, würdigen, ehren
Counter: Stadtgefängnis von London, Zählhilfe, Rechenmünze, -scheibe, Abnormität bei Bracken (Jagdhunden), diese verfolgen die Fährte des Wildes in die falsche Richtung (aus dem das Wild kommt)
Counter-caster: (Counter = metallene Rechenscheibe, Stein) Mathematiker, Buchhalter, Theoretiker
Counterfeit: Ebenbild, Porträt, Täuschung, Imitation, gefälschtes Geld, betrügerische Nachahmung, täuschen, nachahmen, fälschen, fiktiv, falsch, nachgeahmt, gefälscht, vorgebend, täuschend
Counter-gate: Tor eines Schuldgefängnisses (Compter)
Counterpoint: Tagesdecke. Eigentlich wohl: counterpane = Steppdecke
County: Englischer Graf, Grafschaft, Landstrich, Provinz
Courser`s hair: Nach dem Volksglauben verwandelte sich in Wasser gelegtes Pferdehaar (Mähne) in Schnecken und Würmer
Court holy-water: Weihwasser, sprichwörtliche Redensart: leere Versprechungen, schöner Schein
Court it: Einer Frau den Hof machen, um eine Frau werben
Cousin-german: Neffe
Covent: Kloster
Cover: Einband, Umschlag, Decke, Deckel, Hülle, beschützen, bedecken, überziehen, bekleiden, verhüllen, beischlafen, kopulieren
Cowl-staff: Ein Stab zum Tragen eines großen Fasses, Zubers, Kübels
Coxcomb: Narr, Narrenkappe, spaßhafter Ausdruck für den Kopf
Cox my passion: Ausruf der Überraschung, Verwunderung
Coy: Streicheln, weich, scheu, spröde, sich streuben
Coyed: Verachtet
Coystril: Geizhals, Lump, armseliger, gemeiner Trinker
Coz: Cousin, Vetter, Onkel, Neffe, Schwager, Titel für Prinzen und Adlige
Cozen: Betrügen, täuschen
Cozier: Flickschuster, Flickschneider
Crab: Wilder Apfel (Holzapfel), als Würze für warmes Ale verwendet, bzw. als Bratapfel genießbar, Name eines Hundes, Flußkrebs, Symbol für eine mürrische Person

Crack: Auflösung, Bruch, Riß, Fehler, Krach, Lärm, Stimmbruch, Schlingel, die Stimme rauben, zersplittern, zerkrachen, zerbrechen, zerbersten, versagen, beeinträchtigen, schwächen, prahlen, herumlärmen, herumkrächzen, ein freches, vorlautes Kind, die Stimme rauh und heiser klingen lassen, öffnen und leeren (trinken)
Crank: Windung, Kurve, Haken schlagen
Crants: Kranz, Girlande
Crare: Kleines Handelsboot, Handelsgefäß
Craven: Feigling, feige, lähmen, beim Hahnenkampfe unterlegen
Create: Formen, schaffen, machen, erwählen, ernennen
Credent: Leichtgläubig, glaubhaft, glaubwürdig, vertrauensvoll
Crescive: Anwachsen, zunehmen, erhöhen, vergrößern, vermehren
Cressets, cressent: Blinklicht, Leuchtfeuer
Crest: Die Höhe, Spitze, Helm, Helm mit Federschmuck, Helm mit einem wappenartigem Schmucke, Rüstung, Abzeichen, der hocherhobene Kopf eines Tieres (Pferdes), überhöhen, bekrönen
Crestless: Einfache Menschen, ohne adlige Abstammung, die keine Wappen, Rüstung tragen dürften
Crisp: Gewunden, gelockt, geneigt, ausgehöhlt
Crispian: Christlicher Märtyrer, Namenspatron für den 25. Oktober
Critic: Zyniker, Kritiker, Zensor, wütend, knurrend, zähnefletschend
Critical: Tadeln, auf Fehler hinweisend, streng oder hart richtend, wütend, knurrend, zähnefletschend
Crone: Alte, verbrauchte Frau
Cross: Christliches Kreuz, Kreuzer (Münzen mit kreuzförmiger Punze, Stempel), sich überschneidende Wege, Wegkreuzung, Ärgernis, Hindernis, Unheil, Analphabeten, die mit einem X unterschrieben, gegenübertreten, unartig, widernatürlich, durchkreuzen, vorlaut, ungezogen, naseweis, quer, durch, hinüber, sich quer legen, Jemandes Weg schneiden, hin und her, von einer Seite zur Anderen, behindern, widersprechen, widerrufen, widerstehen, aushalten, versehen, liefern, versorgen
Cross-row: Alphabet, vor dem A stand häufig ein Kreuz
Crotoy: Le Crotoy, Normandie, Nordfrankreich
Crow: Nebelkrähe, Brechstange (Kuhfuß), krähen, lachen, überschäumen, frohlocken, triumphieren wie ein Hahn
Crow-keeper: Vogelscheuche, Bauernjunge der sich als Vogelscheuche betätigt
Crown: Krone, Kranz, das Höchste, Gipfel, Scheitel, Kopf, die Hälfte einer Eierschale, als Herrn einsetzen, Münze im Werte von fünf Schillingen, Ausdruck aus der Heraldik, kränzen, bekrönen, erhöhen, glorifizieren, vollenden, vervollständigen, beherrschen
Crownet: Krone, Diadem, Girlande, das Höchste, der letzte Zweck, die dahinterstehende Absicht
Crusado, Cruzado: Portugiesische Goldmünze von etwa drei Schillingen
Crush: Trinken, pressen, drücken, zwingen, überwältigen, zerbrechen, zerstören, zerquetschen, herunterkippen
Cry: Geschrei, Ausruf, Bericht, Bellen, Gebrüll, Geheule, Meute, Begleitung, schreien, erheben, weinen, verkünden, ausrufen, preisen, herausbrüllen, kläffen, anklagen, verlangen, bitten, anflehen, gerührt benennen
Cuisses, Cuishes: Beinschienen, eine Rüstung für den (Ober-) -Schenkel
Cullion: Gemeiner Schuft
Cunning: Scharfsinn, Wissen, Kraft, Macht, Kunst, Geschick, Beruf, Handwerk, Falschheit, Verschlagenheit, Vortäuschung, wissen, kennen, unterrichtet sein, kraftvoll, machtvoll, gewandt, geschickt, kunstvoll, gerissen, schlau, vortäuschend, verschlagen, falsch
Cur: Köter, Halunke, Ganove, Kerl, Bordsteinmischung
Curb: Zaumzeug, biegen, beugen, zügeln, unterlassen, zurückhalten,
Curiosity: Gewissenhaftigkeit, Genauigkeit, Freundlichkeit
Curious: Genau, besorgt, gewissenhaft, elegant, nett, vornehm, Pflege benötigend, unangenehm, peinlich
Curious-knotted: Garten im Stile der französischen Renaissance. Kleine mit ineinander verschlungene Hecken umschlossene Beete
Curl: Herausfordernd gekleidet, dandyhaft, lockig, aufgemotzt, bekannt, gewöhnlich, allgemein gültig, rein, gediegen, im vollen Werte
Current: Strömung, Flut, Fluß, Verlauf, Weg
Curstness: Kranker Humor, schlechter Humor, schlechte Laune
Curtal: Mit einem gestutzten Schwanze. Hunden, die nicht zur Jagd geeignet erschienen, wurde der Schwanz abgeschnitten, um sie zu markieren, abzuscheiden, unterbrechen
Curtal-ax, curtle-ax, cutlass: Kurzes Schwert mit breiter Klinge und runder Spitze. Häufig von Matrosen im Zweikampfe benutzt
Cust-alorum: Landrat, höchster Verwaltungsbeamter einer Grafschaft. Eigentlich: custos rotulorum
Custard-coffin: Eierrahmkruste eines Puddings oder einer Pastete. Custard = Eierrahm, coffin = Sarg
Cut: Verletzung, Zuschnitt, Schlitz in einem Kleidungsstück mit andersfarbigem Unterfutter, Los, Wallach (Kastrat), schneiden, teilen, spalten, abschneiden, zerschneiden, durch ausschließen, zerstören
Cutlace, Cutlass: Kurzes Schwert, Säbel mit breiter Klinge und runder Spitze. Eigentlich cutlass
Cuttle: Taschendieb, Beutelschneider, Angeber, Prahlhans
Cydnus: Tarsus in Kilikien, 31 km östlich von Adana (Südtürkei)
Cynthia: Diane, Römische Mondgöttin
Cypress, Cyprus: Spitze, Trauerflor, Zypern
Cyrus: Kyros I., Gründer des persischen Reiches ca. 547 bis 529 v. Chr.

D

Dace: Häsling, Süßwasserfisch aus der Familie der Karpfen, Weisfisch

Daff: Wegräumen, aufhören, ablegen, bei Seite lassen, abtun, wegwerfend behandeln, unberücksichtigt lassen

Daintry: Daventry, Stadt westlich von Northampton, Mittelengland

Dally: Spielen, spaßen, scherzen, sich verspäten, zögern

Dam: Muttertier, Weibchen, Henne, Damm, Deich, Ausdruck der Verachtung für eine Frau, eindämmen

Damn: Verwerfen, verurteilen, verfluchen, verdammen, verdammenswert, hassenswert

Damon: Stellte sich als Geisel für seinen Freund Phytias dem Dionysios. Dieser war so von der Freundschaft gerührt, daß er den zum Tode verurteilten Phytias begnadigte

Damson: Damaszener Pflaume, Damaszenen. Seit dem Altertume in Syrien kultivierte zwetschgenartige, dunkle, rundliche, beliebte Pflaume

Daniel: Prophet des alten Testamentes, lebte am Hofe Nebukadnezars. Als babylonischer Staatsmann ein Vorbild für Gerechtigkeit und Klugheit, nach 538 v. Chr. gestorben

Dank: Feucht, nebelig, dunstig, klamm

Dansker: Däne, Danziger

Daphne: Von Apollo begehrte Nymphe, zum Schutze vor ihm in einen Lorbeer verwandelt, welcher zum Attribut des Apollon wurde

Dardanian: Trojanisch

Darius: Dareios I. 522 - 486 v. Chr., persischer König, vergrößerte und einigte das persische Reich

Dark - house, dark - room: Irrenhaus, Irrenanstalt, Zelle

Darkling: Im Dunkeln

Darnel: Taumellolch, ein Unkraut beim Sommergetreide, liebt einen feuchten Standort, Samen giftig. Man glaubte die Samen seinen schädlich für die Augen

Darraign: Zusammenstellen, ordnen, in Reih und Glied stellen

Daub: Verkleiden, verstellen, verbergen, färben, anstreichen, beschmieren

Daubery: Lüge, Schwindel, falsche Versprechungen

Day-bed: Sofa, Liebeslager

Day-woman: Milchmagd, Tagelöhnerin

Dead men`s fingers: Orchis masculs, deren Wurzelstock einer knöcherigen, gichtigen Menschenhand ähnlich sieht. Der populäre Begriff wurde wohl auch für viele andere (Orchideen-) Arten verwandt

Dear: Liebhaber, Geliebter, wertvoll, geliebt, gehegt, herzlich, begeistert, ernst, traurig, berührend, lebhaft, innerst, geheim, wahr, sehr

Dearn: Furchtbar, schrecklich

Press(ed) to death: Gewichte, auf die Brust oder den Magen gelegt, als Strafe wenn ein Angeklagter, Verbrecher nicht aussagen, gestehen wollte

Death-tokens: Todesmale, Pestbeulen

Deboshed: Ausschweifend, verdorben, niedrig, gemein, verkommen

Deck: Schiffsdeck, bedecken, verhüllen, schmücken, anziehen, ein Päckchen (Set) Spielkarten

Decline: Beugen, biegen, fallen, sinken, verfallen, herunterkommen, durch machen

Do the deed: Kommt zusammen, paart euch, tut es

Deem: Idee, Gedanke, urteilen, abschätzen, denken

Defeat: Zerstörung, Untergang, Verderben, enttäuschen, zerstören, verderben, entstellen

Defeatures: Entstellung, der Wandel der Gesichts- bzw. Charakterzüge zum Schlechten

Defence: Verteidigung, Schutz, Waffen, Übung, Bewaffnung, Rüstung, Kampfbereitschaft

Defend: Verbieten, schützen, unterstützen, sich rüsten

Deftly: Gewandt, geschickt, gekonnt

Defy: Herausfordern, wagen, geringschätzig behandeln, mit Verachtung trotzen, verleugnen, verachten

Degree: Schritt, Rang, Stufe, Fortschritt

Delay: Ein Schiffsname, entsagen, verzichten auf, zaudern, aufschieben, verspäten, zurückhalten, aufhalten, abhalten

Delphos: Delphi, Stadt und berühmtes Tempelorakel des Apollon in Nordgriechenland

Demerit: Verdienst, Ehre, Auszeichnung, Strafe

Demise: Hinterlassen, vermachen

Denay: Ablehnung, Verweigerung, Verleugnung, Verneinung, ablehnen, leugnen, verweigern, abschlagen, verneinen. Eigentlich deny?

Denier: Französiche Kupfermünze von einem zwölftel Sou, einem zehntel Penny, einem sehr geringen Werte

Denotement: Anzeichen, Andeutung, Hinweis, Entdeckung, Wink

Denude: Enthüllen, entblößen

Depart: Abgang, Tod, sich zurückziehen, sterben, teilen, verlassen, weggehen

Depend: Herunterhängen, anlehnen, dienen, zur Seite stehen, in Verbindung mit, drohen, bevorstehen, verbunden, vertrauen, sich verlassen auf, beeinflußt

Deprive: Enterben, wegnehmen, berauben

Deracinate: Entwurzeln, ausreißen, etwas an der Wurzel anpacken

Derogate: Name eines Schiffes, Verzögerung, Verspätung, degradieren, aufschieben, entwürdigen, würdelos behandeln, ausschweifend, entartet

Descant: Eine dreisaitige Geige (frühe, orientalische Form), der hohe Ton im Gesang, Musik (Sopran), Kommentar, singen, kommentieren, sich auslassen über

Desert: Ehre, Verdienst, Auszeichnung, Strafe, Wüste, tot, unbewohnt, bar, wüst
Design: Schema, Plan, Vorstellung, Grund, Unternehmen, Vorhaben, zeigen, hinweisen auf, erwähnen
Despatch: Schnelligkeit, Hast, Abwicklung, Absendung, Vollzug, sich bereit halten, trennen, absenken, etwas Leid sein, keine Lust mehr haben, abwickeln, vollziehen, ausschlaggebende Antwort, entscheidende Antwort, verabschieden, scheiden, beenden, sich einigen, befriedigen, töten, hassen
Desperate: Unsicher, hoffnungslos, betroffen, schutzlos, außerordentlich gefährlich, rücksichtslos, schlecht
Desperately mortal: Zu Tode verzweifelt, weil die Sakramente, der göttliche Beistand, der Segen verweigert wird?
Detect: Herausfinden, verraten, zeigen bloßstellen, enthüllen
Determine: Beenden, entschieden, lösen, festsetzen, begrenzen, siedeln
Deucalion: Deukalion, Sohn des Prometheus, er und seine Frau Pyrrha überlebten als einzige Menschen die von Zeus gemachte Sinnflut, und bevölkerten die Welt indem sie Steine über ihre Schultern warfen, die sich daraufhin in menschliche Wesen verwandelten
Dian(a): Römische Mondgöttin, Symbol der Jagd und der Keuschheit, Göttin des Bundesheiligtumes der Römer und Latiner, Frauen- und Geburtsgöttin
Diana in the fountain: 1596 wurde in Cheapside (London) ein Brunnen mit einer Dianastatue errichtet, bei der aus der Brust das Wasser floß
Dian`s bud: Gemeint ist wohl die Farngattung Cibotium. Eigentlich wird diese als blutstillendes Mittel verwandt (Farnhaar). Ebenso die Gattung Agnus. Im Mittelalter wurden den Wurzelstöcken dieser Pflanzen z. B. die Gestalt von Tigern gegeben. Sie wurden dann als Baranetz, Barometz, Pflanzenschlaf bezeichnet, und als Droge angewendet. Möglicherweise auch Wermuth, welcher der Göttin Diana zugerechnet wurde
Dibble: Gartenwerkzeug, Pflanzstab, Pikierstab
Dich: Tue es (do it)
Dickon: Eine vertrauliche Form von Richard
Dido: Mythische Gründerin, Königin Karthagos, verbrannte sich selbst auf dem Scheiterhaufen. Bei den Römern wird die ursprüngliche Göttin mit Aeneas in Verbindung gebracht
Die: Farbe, Würfel, sterben, schmachten, verschwinden, verblassen, würfeln, ermordet werden, hingerichtet werden, vergessen, aufhören, ablassen, einstellen, in Todesangst
Diet: Nahrung, Kost, vorgeschriebener Lebenswandel für Syphilis-Kranke, füttern, nach ärztlichem Rate nähren, fasten lassen, auf schmale Kost setzen
Diet shall be in all places alike: Auf allen Plätzen an der Tafel soll es das gleiche Essen geben. Im Gegensatze zum damals Üblichen, wo nur in der Nähe des Hausherrn die besten Stücke serviert wurden, und die einfachen Gäste mit den Resten, bzw. den einfachen Beilagen etc. bewirtet wurden
Diffuse: Unordentlich, vermischt, gestört, verwirrt, durcheinander, verstreut
Digression: Abweichung, Vergehen, Verstoß
Dildo: Refrain eines Liedes
Dis: Pluto, Römischer Gott der Unterwelt, Gott des Ackersegens, Erdgott, gilt als blind
Disable: Unterschätzen, herabsätzen, schwächen, beeinträchtigen, entwerten
Disappointed: Unvorbereitet, ungerüstet
Discandy: Auflösen, schmelzen, zerfließen, auftauen
Disclose: Brut, ausschlüpfen, zeigen, offenbaren, enthüllen, auspacken, öffnen, entfalten
Discontenting: Unzufrieden, verärgert, erzürnt
Discourse: Vernunft, Verstand, Gespräch, Rede, Unterhaltung, Beredsamkeit, reden, sprechen, erzählen, erwähnen, freundlich, gesprächsbereit
Disdained: Hochmütig, stolz
Disease: Krankheit, Unruhe, Unordnung, Schwierigkeiten machen, unzufrieden sein, etwas verderben, Ärger bereiten
Diseased ventures: Geschlechtskrankheiten als Risiko, erkrankte Huren bei denen man seine Gesundheit aufs Spiel setzte
Dislimn: Auslöschen, ausstreichen, annullieren, verwischen
Disme: Jeder Zehnte
Dispark: Juristischer Fachausdruck: die Umzäunung eines Parkes, Geheges niederreißen, die Bäume fällen, das Wild abschießen und vertilgen, sich aneignen
Disperge: Bestreuen, besprenkeln, benetzen
Disponge: Ausdrücken, ausgießen, ausschütten, ausströmen, auspressen wie einen Schwamm, eine Zitrone
Dispose: Anordnung, Verfügung, Wesen, Laune, Stimmung, anordnen, vereinbaren, abmachen, festsetzen, regeln, das Beste herausholen, zum Tragen bringen, benutzen, verwenden, tun, gehen, machen, geneigt machen, einstimmen, auf eine Belustigung einstimmen
Disposition: Abmachung, Neigung, Laune, Stimmung, Humor, Wesen, Veranlagung, Gemüt, Gesinnung, Natur, Charakter
Disputable: Streitlustig
Dispute: Etwas besprechen, diskutieren, argumentieren, in Frage stellen, streiten
Dissemble: Sich verstellen, fälschen, heucheln, entstellen
Distaste: Verschlechtern, verderben, nicht mögen, schlecht schmeckend, ungenießbar
Distemper: Abneigung, Unpäßlichkeit, Verwirrtheit, Geistesgestörtheit, Betrunkenheit, Unzurechnungsfähigkeit, verärgern, krank, humorlos
Distemperature: Unwetter, Krankheit, Verwirrtheit
Distraction: (Unter-) Teilung, Abteilung, Verstörtheit, Überraschung, Verrücktheit

Distraught: Verwirrt, verstört
Ditch-delivered: In einem (Straßen-) Graben zur Welt gekommen, aus der Gosse stammend
Divert: Unnatürlich, widernatürlich, abartig, entartet
Dives: Reicher Mann, der schmauste und feierte, während der Bettler Lazarus vor seiner Tür verhungerte
Division: Trennung, Verteilung, Neigung, Wesen, Änderung, Abweichung, Unterschied, Bruchteil, Teil, Armeeabteilung, eine hervorragende Passage in einem längeren Musikstücke
Doctrine: Lehre, Einweisung, Belehrung, Gelehrsamkeit, Dogma
Doff: Wegräumen, aufhören, ausweichen
Doit: Holländische Münze von einem Achtelpenny, Kleinigkeit, Lappalie
Dole: Handel, Verteilung, Anteil, Trauer, Leid, Klage
Dollar: Deutscher Thaler, ein Silberthaler entsprach etwa fünf Schillingen
Dolphin: Ein Name, Delphin, der französische Kronprinz. Der Titel Dauphin ist seit 1349 die Bezeichnung für den französischen Thronfolger. 1349 fiel die Grafschaft Dauphiné an die französische Krone. Das Wappentier der Grafschaft am Fuße der Westalpen war der Delphin
Don: Spanische Anrede für einen Akademiker bzw. Adligen aus dem Lateinischen dominus = Herr. Anlegen, tragen
Done: Verbraucht, verschlissen, geleert, vorbei, erledigt, vernichtet
Door-keeper: Kupplerin
Speak within door: Sprich in Zimmerlautstärke, ohne draußen verstanden zu werden
Dotage, dotant, dotard: Senil, verwirrt, an Alzheimer leidend
Double: Ein Name, verdoppeln, halbieren, stottern, auf verschiedenen Rängen positionieren, Haken schlagen, ein Schnäppchen schlagen, voller Doppeldeutigkeiten, trügerisch, falsch, paarweise, zweifach
Dout: Vernichten, auslöschen, beenden
Dowager: Wittum der Witwe, Leibrente, Erbteil der Witwe (Grundstücke)
Dowland: John Dowland 1563 - 1626, englischer Komponist und Hofmusiker
Dowle: Feder, Daune. Eigentlich down = Daune
Down-gyved: Herunterhängen wie eine Fußkette
Down the wind: Falken werden gegen die Windrichtung auf die Jagd geschickt. Werden sie mit dem Wind (down wind) losgelassen, so kehren sie häufig nicht zurück. So konnte man sich auch eines alten, kranken, schlechten, nicht mehr zur Jagd zu gebrauchenden Tieres entledigen
Downs: Ankergrund vor der Küste Kents, Südostengland
Doxy: Hure, Flittchen, Geliebte oder Ehefrau eines Bettlers
Draught: Schluck, Zug, Getränk, Kloake, Tiefgang eines Schiffes
Draw: Abschnäbeln, saugen, ziehen, anzapfen, abziehen, zurückziehen, versammeln, mit Linien markieren, ankreiden, aufschreiben, aufspüren, bewegen, Fortschritte erzielen, näherkommen, versinken, untergehen
Dribbling: Schwächeln, daneben gehen
Drive: Treiben, drängen, zwingen, veranlassen, verursachen, tragen, sieben, streifen, streichen, hetzen, stürmen, angreifen, zuschlagen, sich eilen lassen, sich hetzen, vergrößern, verkleinern, ziehen, getrieben von Wind und Wellen
Drollery: Lustiges Puppenspiel, Kasperletheater, Schauspiel, lustiges Bild
Drug: Giftpflanze, Droge, würzen
Drumble: Faul, träge, langsam
Dry-beat: Verdreschen, verprügeln, züchtigen
Dry foot: Rückfährte der Bracken, Die Jagdhunde führen den Jäger vom Wild weg, in die Richtung aus der es kam
Ducat: Dukat, bedeutendste Handelsmünze für fast 500 Jahre, geprägt in Venedig seit 1284 in reinem Gold zu 3,537 Gramm je Münze. Vier Dukaten entsprachen etwa einem Pfund Sterling
Double ducats: Doppeldukat von 7,74 Gramm Gold
Ducdame: Komm näher, führe ihn zu mir vom Lateinischen: huc? Oder vom Gälischen: duthaic da mi (dies ist mein Land), vom Cymrischen: (bretonisch / walisisch) dewch da mi (komm zu mir), oder vom Italienischen: duc da me (bring ihn fort)? Der Refrain eines Liedes?
Dudgeon: Gefäß (Griff) eines Dolches aus Holz(Buchsbaum)
Due: Schuld, Obligation, Anspruch, Anrecht, besitzen, schulden, zustehend, einen Anspruch habend, ein Anrecht habend, ausstatten, einrichten, dazu gehören, so wie es sein soll, direkt, genau, penibel, getreulich, gerade heraus, ohne Umwege
Duello: Regelwerk in Buchform, für Duelle, wann muß, wann darf ein Duell gefordert werden, wie ist es durchzuführen. Der Grundsatz lautet: die Ehre ist mehr Wert als das Leben
Dull: Ein Name, niedergeschlagen, ruhig, träge, langsam, schwer, lässig, dumm, gefühllos, gleichgültig, langweilig, ohnmächtig, verstimmt, schwermütig, betrübt, bewölkt, matt, geistlos, leblos, stumpf, getrübt, einschlafen, betrüben, verdummen, abstumpfen lassen, des Geistes berauben, langweilen, träge werden lassen
Dullard: Dümmliche, unbeteiligte Person
Dump: Trübsinn, trauriger Grabgesang, Melodie, Lied
Dunsinane: Dunsinnan, Schloß von Macbeth, Hügel westlich von Dundee, Ostschottland
Dup: Aufmachen, öffnen

E

Eager: Sauer, scharf, beißend, bitter, ungestüm, heftig, feurig, begierig, eifrig

Eaning time: Zeit der Niederkunft, Geburt

Eanling: Frisch geborenes Lamm

Ear: Ohr, Ähre, Henkel, pflügen

Ear-kissing: Geflüstert

Eastcheap: Straße im Osten Londons, Name einer Gaststätte

Easy: Leicht, unbedeutend, einfach, bequem, mild, glatt passend, leicht handhabbar, gefällig

Eat no fish: Ein loyaler Protestant ißt auch am Freitag Fleisch, statt eines abtrünnigen Katholiken, er ist ein ganzer Kerl, Jemand, der keinen Umgang mit Prostituierten pflegt

Eche: Ergänzung, ergänzen, verlängern, vermehren, in die Länge ziehen, ein Leben mit Problemen, Schwierigkeiten bereiten, strecken, hinzufügen

Ecstasy: Verrücktheit, Fremdheit, Ekstase, Entzücken

Edward shovel-boards: Schillinge (Silbermünzen) geprägt unter Edward VI als Einsatz im Beilkespiel, weitere Erklärungen unter shovel-board. Heinrich VII (1485-1509) ließ die ersten englischen Schillinge prägen

Effect: Sinn, Bedeutung, Ausdruck, Vollzug, Zeichen, Merkmal, Zuneigung, Frucht, Berührung, Angriff, Arbeit, Auswirkung, Ausführung, Darstellung, Tätigkeit, Eintragung, Ergebnis, herausbringen, hervorbringen, herbeiführen

Eftest: Bequemste, passendste, brauchbarste

Egma: Rätsel, eigentlich enigma, altgriechisch

Egyptian thief: Der ägyptische Räuberhauptmann Thyamis, der von den Feinden bedroht, seine Geliebte in einer Höhle mit dem Versteck des Schatzes umbrachte. Diese Geschichte stammt von Heliodorus Ethiopica

Eggs for money: Sich schnell zufrieden geben, sich viel bieten lassen, sich viel gefallen lassen

Eight and six: Abwechselndes Versmaß der englischen Balladen der Bänkelsänger

Eightpenny: Ausdruck für eine geringfügige Summe

Eke: Auch, mehrnoch, zudem, außerdem, ebenfalls, desweiteren, strecken

Eld: Alte Menschen, das Alter

Elder: Holunderstrauch

Election and my hopes: Wie bei den Germanen üblich, so wurde auch in Dänemark der König nicht nur durch Abstammung berufen, sondern auch durch Wahl bestimmt. So konnten auch die Brüder des Königs, noch vor dessen Sohn, auf den Thron gelangen

Element: Sphäre, Wesen, Feuer, Luft, Wasser, Erde, Himmel, Grundstein, Grundstock, Basis

Elephant`s joint: Nach dem Volksglauben hatten Elephanten keine Kniee, bzw. konnten diese nicht beugen, nicht niederknien

Elf: Elfe, Geist, verwickeln, verweben, durcheinanderbringen

Elf-locks: Durch Elfen in der Nacht verfilzte Haare

Elsinore: Helsingör, ca. 30 km nördlich von Kopenhagen, befestigte Zollstation am Eingang des Öresundes. Bis zum 19. Jahrhundert erwirtschaftete der dänische Staat praktisch sein ganzes Einkommen aus diesen Zöllen

Emballing: Ausgezeichnet, geadelt, aufgewertet durch den königlichen Ball (Reichsapfel)

Embare: Sichtbar machen, zeigen, zur Schau stellen

Embay: Durch eine Bucht geschützt

Embossed: Geschwollen, sehr ernüchtert, ermattet, mitgenommen, Schaum vor dem Mund habend, von Schaum bedeckt

Emmanuel: Eingangsformel bei alten, offiziellen Urkunden. Eigentlich der alttestamentarische Name für Jesus

Empery: Herrschaft, Reich, Einflußgebiet, Handstreich, im Besitze eines Prinzen

Emulation: Rivalität, Neid, Nacheiferung, Wetteifer, turbulenter Streit, Eifersucht

Encave: Verstecken

Endue: Dotieren, ausstatten, aussteuern, ergänzen, ersetzen, schenken, gewähren, darreichen, liefern, versehen, versorgen, verschaffen

Endymion: Junger Schäfer, ein Sohn des Zeus, in den sich Selene unsterblich verliebte. Zeus erfüllte den Wunsch nach ewigem Schlafe, verbunden mit ewiger Jugend. Seitdem besucht Selene (die Mondgöttin, Diana) jede Nacht Endymion in einer Grotte im Latmosgebirge

Enfeoff: Zum Vasallen machen, zum Helfershelfer machen

Engender: Erzeugen, empfangen, herstellen, produzieren, hervorrufen

Engoal: Einsperren, einkerkern

Engross: Verzärteln, mästen, aufhäufen, ansammeln, vergrößern, aufschreiben, kopieren

Engrossment: Ansammlungen, Aufhäufungen

Enkindle: Stimulieren, reizen, anspornen, anregen, aufstacheln, anstiften, entflammen, entzünden

Enmew, emmew, enew: Im Wasser treiben, auf der Wasseroberfläche treiben, einsperren, einschließen

Ensconce: Etwas wie eine Burg schützen, verstecken, verbergen

Enseamed: Fettig, ölig, schmierig

Enshield: Beschützt, bedeckt, versteckt

Enskyed: Im Himmel, himmlisch

Enswarthed: Umhüllt, umschlungen, umgürtet, umbunden, versiegelt

Entertain: Bewirtung, Unterhaltung, Jemanden in den Diensten lassen, unterhalten, belustigen, gastfreundlich, empfangen, behandeln, einwerfen, hinzufügen, behalten, erhalten, fühlen, planen, sich denken, Zeit verbringen, auf etwas eingehen

Entertainment: Gastfreundliche Aufnahme, freundliche Behandlung, Unterhaltung, Freundlichkeit, Aufnahme, Empfang, Festmahl, Bewirtung, Verpflegung, Belustigung, Gastfreundschaft, Bedienung, Erwartung, Vorstellung, Unterkunft, Dienst, Sold, Anstellung
Entreatment: Gespräch, Einladung, Aufforderung, Befragung
Ephesian: Fröhlicher Begleiter
Epidaminum: Durazzo, Dalmatien, Epidamnos, Dyrrhachion
Epida(r)us, Epidamnus: Ragusa Vechia, Dalmatien oder Epidauros, Stadt an der Ostküste der Argolis
Ercles: Hercules
Erebus: Erebos, die unterirdische Finsternis, die Unterwelt der griechischen Mythologie
Erewhile: In diesem Moment, vor kurzem, gerade, vor einem Augenblick
Escot: Bezahlen
Esil(e): Essig?, ein Fluß, Nil oder Yssel?
Esperance: Devise, Motto der Grafen von Worcester, der Familie Percy
Espial: Spion, unsichtbarer Beobachter
Essential: Vorhanden, da, real, existent
Estimate: Preis, Wert, Schätzung
Estimation: Vermutung, Schätzung, Preis, Wert, Ehre, Ruf
Eterne: Ewig. Eigentlich eternal
Even: Abend, glatt, eben, weich, gleichhoch, gleichgewichtig, gleich, volles Maß, voll, entsprechend, genau, passend, schön, erfüllen, die volle Wahrheit, gerade, direkt, rein, makellos, ausgeglichen, Frieden halten, Ausgleich suchen, zur gleichen Zeit
Excrement: Kot, Urin, Haare, Fingernägel, Federn
Execute: Ausführen, vollziehen, arbeiten lassen, frönen, hinrichten, töten, zerstören
Execution: Ausübung, Ausführung, Vollzug, Tätigkeit, Arbeit, Hinrichtung, Zerstörung, Metzelei, Schläge, Stöße
Executor: Arbeiter, Ausführender, Tätiger, Testamentsvollstrecker, Henker
Exempt: Befreien, unverantwortlich, frei, abgetrennt, losgelöst, ausgeschlossen, fern
Exercise: Gewohnheit, Lehre, Künste, Übung, Bewegung, Ergebenheit, Liebe, Andacht, Hingabe, Vortrag, Strafpredigt, Vorlesung, Belehrung, Aufhetzung, Erweckung, Ansporn, Bekenntnis, ausführen, machen, üben, arbeiten, durchführen, praktizieren, trainieren, sich sportlich betätigen
Exhale: Herauszerren, herauslösen
Exhibition: Rente, Lohn, Taschengeld
Exigent: Ende, Schluß, Notfall, Notwendigkeit
Exorcist: Geisteraustreiber, Gespensteraustreiber
Expect: Erwartung, erwarten
Expedient: Eilig, passend, vorteilhaft
Expiate: Vollendet, abgelaufen, abschließen, beenden
Expostulate: In Frage stellen, diskutieren, sich unterhalten
Exposture: Enthüllung, Entlarvung, Aussetzung
Express: Enthüllen, zeigen, offenbaren, erzählen, berichten, erklären, sprechen, vorstellen, erscheinen, bekannt machen mit, überzeugen, erklären, ausdrücklich, deutlich, zur Schau stellen, erscheinen lassen, seine Meinung äußern, seine Sicht der Dinge darlegen, Erfahrungen sammeln
Expulse: Vertreiben, ausstoßen, ausschließen
Exsufflicate: Verachtenswert, abscheulich, leer, substanzlos, nichtig, leichtsinnig, leichtfertig
Extend: Ergreifen, fassen, nehmen, strecken, erweitern, vermehren, benutzen, zeigen, erreichen, verwenden, Etwas in Beschlag nehmen
Extent: Ausübung, Ergreifung, Länge, Größe, Volumen, Angriff (extendi facias, ein Rechtsbegriff), Verhalten, Abmessung, strecken, weiter reichen, verstärken, vermehren, verwenden, benutzen, zeigen, verschaffen
Extern: Nach außen gerichtet, äußerlich
Extirp: Ausreißen, herauslösen, vernichten
Extol: Loben, preisen, verherrlichen
Extract: Aufmerksamkeit auf sich ziehen, herausziehen, abstammen
Extraught: Herkommend, abstammend, seinen Ursprung habend
Extravagant: Abschweifend, umherirrend, unstet
Exufflicate: Leer, gehaltlos, wertlos, nichtig, unbedeutend, oberflächlich, leichtfertig, leichtsinnig
Eyas: Junges, Nesthocker, vom französischen: niais, ein Begriff aus der Falknerei: unerfahren, unbeholfen
Eyas musket: Junger Habicht
Eye: Auge, Sicht, Aussehen, Meinung, blasse Färbung, Spur einer Farbe, geistiges Bild, kleines Loch, Gegengewicht einer Balkenwaage, sehen, im Auge behalten, beobachten, schauen, erscheinen
Eye of death: Totenstarr blicken, angsterfüllter Blick, weit aufgerissene Augen
Eye offending: Schädlich, schockierend, unerfreulich, unangenehm fürs Auge
Eyliads: Blicke, flüchtiges Blicken, flirten, liebäugeln
Eyne: Augen. Eigentlich eye
Eyrie: Horst eines Greifvogels
Eysell: Essig?, ein Fluß, Nil oder Yssel?

F

Face: Gesicht, Aussehen, Erscheinung, Form, Oberfläche, entgegentreten, flicken, tyrannisieren, trotzen, schmücken, herausputzen, verschönern, ausschmücken, auftreten, erscheinen, sich blicken lassen, einen falschen Eindruck hervorrufen und unterhalten, täuschen, heucheln, eine falsche Miene aufsetzen, Fratzen schneiden grimassieren, unverschämt und frech sich durchs Leben schlagen

Face-royal: Goldmünzen zu zehn Schillingen mit dem Portrait des Regenten

Facinerious: Gewandt, robust

Fact: Schuld, Verbrechen (Ehebruch)

Factious: Aktiv, lebend, bewegt, rebellisch, tätig, teilnehmen, sich ausschiffen lassen, dazugehörend, abtrünnig. Eigentlich facetious = lustig?

Faculty: Macht, Fähigkeit, medizinische Diagnose, offizielle Verlautbarung, bekräftigendes Zeugnis

Fadge: Passen, herauskommen, beenden, erfolgreich abschließen

Fading: Refrain eines Liedes

Fain: Froh, erfreut, zufrieden, fröhlich, bereitwillig, erzwungen, gern

Fair: Schönheit, Gerechtigkeit, Markt, Jahrmarkt, Anstand, den Regeln entsprechend, Vervollständigung, Abschluß, gut, schön, gutaussehend, ein schöner Mensch, eine schöne Sache, klar, fein, ungetrübt, rein, einen hellen Teint habend, gerecht, ehrbar, nett, erfolgreich, gepflegt, in gutem Zustande, ordnungsgemäß, freundlich, vollendet, perfekt, günstig, strahlend, leserlich, weich, still, verschönern

Fair-betrothed: Gerecht, wohlwollend behandeln, ehrenvolle Verlobung

Faitor: Verräter, Schuft

Fall: Ebbe, Fall, Sturz, Zerstörung, Sündenfall, Tod, Umsturz, Abfall, Herabsetzung, Gefälle, Niederschlag, Ringen, beim Ringen zu Boden geworfen werden, Schlag mit einem Schwert, jagen, hetzen, streiten, abfallender Ton, herunterfallen, taumeln, verschwinden, degradieren, zerstören, Hand anlegen, herausfließen, verwunden, herabsinken, herabsteigen, sich befassen mit, sich beschäftigen mit, herabgesetzt werden, zerstört werden, sündigen, herausgebracht werden, stürmen, eilen, (be)kommen, werden, beginnen, anfangen, sich ereignen, verlassen, aufgeben, verlieren, fremd werden, fallen lassen, zustoßen, widerfahren, hervorbringen

False: Falsch, unrichtig, fehlerhaft, unwirklich, unecht, täuschend, treulos, feige, unehrlich, unstet, nicht vertrauenswürdig, treulos, unglaubwürdig, feige, betrügen, täuschen, verleiten

Familiar: Dämon, Geist, enger Freund, die Familie oder das Haus betreffend, privat, häuslich, natürlich und freundlich ohne den Konventionen, bzw. den Sitten, bzw. den Regeln zu gehorchen, vertraut, erfahren, bekannt, gewohnt, gewöhnt, alltäglich, gewöhnlich, unbedeutend, einfach

Fancy: Liebe, Zuneigung, Phantasie, Einbildung, Idee, Plan, Vorstellung, Vorliebe, Lied, Geschmack, Liebeslied, mögen, lieben

Fancy-free: Desinteressiert, befreit von der Kraft der Liebe

Fancy-monger: Kuppler, Vermittler, Postillion d`amour, Heiratsvermittler

Fang: Stoßzahn, Hauer, Name eines Vollstreckungsbeamten, ergreifen, fassen, packen mit den Zähnen

Fanged: Mit Fangzähnen versehen

Fantastical: Einbildungen, Phantasien, Tagträume, unglaubwürdig, ungenau, voller Einbildungskraft

Fap: Betrunken, berauscht

Far: Ein Name, fern. weit, tiefgründig, lange vorher, weiter, viel, mehr, weitest, andere, meist, zuletzt, so weit wie

Farced: Gefüllt, ausgestopft, vergrößert, erweitert, geschwollen, bombastisch

Farewell, heat, and welcome frost: Abgewandelte Redensart: Farewell frost wurde zu allem Unangenehmen, Ungeliebten gesagt

Fashion: Art, Sorte, Voraussetzung, Front, Erscheinung, Art und Weise, Wesen, Brauch, Übung, Vornehmheit, formen, anpassen, es sich gemütlich machen, rahmen, wiedergeben, nachahmen. Eigentlich fashious

Fast: Fasten, schließen, befestigen, beißen, tief, gesund, beweglich, bereit, standhaft, bestätigt, schnell, eng, unbeweglich, unerschütterlich, unveränderlich

Fat: Fett, Faß, mästen, hegen, nähren, verfetten, dick werdend, fleischig, fett, gemästet, reich, fruchtbar, ölig, schmierig, ekelerregend, schwer, dumm

Fate(s): Schicksal, eine der drei Schicksalsgöttinen, Verhängnis, Tod, Ruin, Glück, vorherbestimmen

Favour: Gunst, Gnade, Gewogenheit, Haltung, Güte, Erbarmen, Geschenk, Liebespfand, Wohltätigkeit, Mildtätigkeit, Verzeihung, Erlaubnis, Zustimmung, Charme, Schönheit, Anziehungskraft, Figur, Statur, Liebeswürdigkeit, Aussehen, Erscheinung, unterstützen, anfreunden, Haltung bewahren, eine Vorliebe haben, Partei ergreifen für

Feasting presence: Staatszimmer, Prachtsaal, Festsaal für ein Bankett, Repräsentationsraum

Feat: Ausbeuten, zierlich, erzwungen, der Mode entsprechend, gewandt, zuvorkommend

Feated: Formen, säubern, herausputzen, erzwingen, ordentlich

Feature: Schönheit, Aussehen, Zug, ein Teil des menschlichen Gesichtes, das menschliche Gesicht als Ganzes, ein herausragender Punkt, ein die Aufmerksamkeit auf sich ziehender Punkt

Federary: Bündnispartner, Verbündeter, Genosse, Komplize

Fee-grief: Besondere, seltsame Sorgen eines Einzelnen

Feeder: Hausdiener, Ernährer, Esser (Vielfraß), Schmarotzer

Feere: Ehemann

Fee-simple: Feodium simplex: uneingeschränktes Eigentumsrecht, welches vererbt werden kann, Alodium, Erbhof

Feet: Stand, Halt, Beziehungen, Stellung

Fell: Haut, fällen, grausam, gefährdend, wild, heftig, niedergeschlagen
Fell-feats: Wilde, grausame Gewohnheit, Übung
Fellow: Ein Teil eines Paares, Diener, Begleiter, Genosse, Kamerad, Ebenbürtiger, Leute, ein Ausdruck der Vertrautheit oder der Verachtung, Paare zusammenführen
Tall fellow of thy hands: Ein tüchtiger Mann, Einer, der mit anpackt, der stets zur Hand ist, ein ganzer Kerl, ein richtiger Mann
Female bar: Ausschluß der Frauen, der weiblichen Thronfolge. Solche Anspielungen sind im Zeitalter Elisabeths I sehr politisch. Ist doch ihre eigene Herrschaft wiederholten Ansprüchen anderer Thronerben ausgesetzt
Femetary: Erdrauch, *siehe unter Fumiter*
Fence: Schutz, Bewachung, Fluchtmöglichkeit, Fechtkunst, fechten, umzäunen, beschützen, bewachen, einschließen
Fen-sucked: Aus den Sümpfen, Mooren kommend, aufsteigend
Feodary: Bündnispartner, Verbündeter, Komplize
Fern-seed: Sporen von Farnen in der Johannisnacht gesammelt, diese sollen nach dem Volksglauben unsichtbar machen (manche Farne werden mannshoch, so daß Jäger sich darunter verstecken konnten und vom Wild nicht gesehen wurden, eine möglich Ursache dieses Aberglaubens) führen zu Schätzen, Glück und Reichtum und dienen als Liebeszauber
Fester: Verderben, zerstören, vernichten, wuchern, verfaulen
Festinately: Hastig, schnell, eilig
Festival terms: Glänzende, großartige Phrasen
Fet: Geholt, erzielt
Fico: Feige (Frucht), ein Sinnbild für etwas Wertloses. Obwohl die Blätter der Feige gegen viele Erkrankungen eingesetzt wurden, die Samen gegen Blutungen
Fielded: Im Schlachtfeld, beim Kampf
Fierce: Stolz, tüchtig, wild, leidenschaftlich, übermäßig, glühend, nicht den Regeln entsprechend
Fig: Feige, Schlachtruf, Kampf, kämpfen
Fight: Kampf, Schlacht, Zweikampf, Stoff, der rund um ein Schiff gehängt ist, um die Männer (Kämpfer) vor ihren Feinden zu verbergen, kämpfen, streiten, sich bekriegen
Figur`d goblets: Figurenbecher (Apostelbecher) aus getriebenem Edelmetall
File: Liste, Katalog, Namen, Mehrzahl, Linie, Rang, Dienstgrad, Faden, Draht zum Anheften von Papier (wie noch heute bei einer Urkunde von einem Notar), im Gleichschritt gehen, marschieren, Frieden halten, herumfeilen, beschmutzen, schänden, verderben, scheuern, aufpolieren
Fill: Deichsel, (Er)füllung, blähen, (er)füllen, bis zum Rand füllen, aufhören, zum Schweigen bringen, befriedigen, in Beschlag nehmen, (über)sättigen, einschenken, eingießen, reifen
Filth: Dreck, Schmutz, Hure, Nutte, Schlampe, Dirne
Finch-egg: Finkenei. Ausdruck der Verachtung für grelle, protzige Kleidung. (Bunt wie ein Vogelei)
Fine: Schluß, Schlußfolgerung, Ende, Geldsumme, (Geld) strafe, Pacht, zum Schluß, strafen, eine Strafsumme festsetzen, veredeln, läutern, künstlerisch, kunstvoll, geschickt, dünn, klein, schlank, schmächtig, dürftig, scharf, stark, groß, fein, rein, veredelt, geläutert, nett, zärtlich, schmackhaft, zart, feinsinnig, empfindlich, ordentlich, elegant, schön, scharfsinnig, herausgeputzt, adrett, aus feinen Seidenfäden, vollendet, perfekt, spitzfindig, erfinderisch
Finsbury: Großes Feld außerhalb von London, beliebt für Ausflüge, Spaziergänge. Übungsfeld der Bürgerwehr, Miliz von London (Schützengilde)
Firago: Amazone (lebten der Sage nach in Kleinasien, knechteten ihre Männer und kümmerten sich nur um ihre Töchter), kämpferische, laute, gewalttätige, zänkische Frau
Fire-drake: Feuerwerk, Meteor, ein Mensch mit einer Säufernase, ausweichendes, schwer zu fassendes Objekt, ein (vor-) täuschendes Werk, ein flackerndes Licht welches über sumpfigen Gelände zu sehen ist (Faulgas, welches durch Hitze, Funken, auf natürliche Weise, etc. entzündet wurde und deshalb leuchtet), Irrlicht
Fire-new: Brandneu, nagelneu, frisch aus der Schmiede
Firk: Mit einer Rute, Stange, Stab schlagen, auspeitschen, bestrafen, treiben
Fit: Gefühl, Laune, Mißstimmung, Teil, Einteilung eines Liedes, musikalischer Ton, Anfall von Geistesschwäche, Fieber (Anfall), Wahnsinn, etc. , passen, zustimmen, angepaßt, übereinstimmen, zweckmäßig, harmonieren, sich schicken, kleiden, taugen, vorbereiten, zurichten, bequem machen, einrichten, angepaßt sein, geeignet, passend, gut sitzend, angepaßt, vorbereitet, geziemend, angemessen, bereit, der Mode entsprechend, zu Zeiten, stoßweise, vorbereiten, angleichen, ausrüsten
Fitchew: Wiesel. (Sinnbild einer Prostituierten) Eigentlich fitchet
Fitly: Genau, passend, rechtzeitig, günstig, nützlich
Fits o`the season: Wetterumschwung, Stimmungsumschwung, Laune, Verstimmtheit, Wetterfühligkeit
Fives: Die Druse, Pferdekrankheit, Mandelentzündung (Fieber und Entzündung der Nasenschleimhaut und der Lymphknoten des Pferdes, befällt vor allem Fohlen und führt unbehandelt zum Tode)
Fixen: Fähe (Weiblicher Fuchs)
Flap-dragon: Spiel, bei dem Rosinen, oder andere Lebensmittel, von den Spielern aus brennendem Alkohole schnell herausgefischt, und dann heruntergeschluckt werden.
Flap-jack: Pfannkuchen
Flaw: Eine Bö, Sturm, heftiger, plötzlicher Windstoß, Bruch, Riß, zerreißen, zerbrechen
Flay: Halb entkleidet, häuten, schinden
Fleck(l)ed: Gepunktet, gefleckt, gesprenkelt

Fleece: Vlies, Schafspelz, Schafshaut, das goldene Vlies der Argonautensaga, lockiges Haar, berauben, plündern

Fleer: Hämisches Lächeln, ein verachtungsvolles Gesicht ziehen, grinsen, die Gesichtszüge zu einer Fratze verziehen, verzerren

Fleet: Flotte, Schuldgefängnis von London, schnell, eilig, flink, flitzen, huschen, treiben, schwimmen, fließen, die Zeit totschlagen, unbeständig

Fleshment: Heftigkeit, Wildheit, Unverschämtheit

Flewed: Fell eines Jagdhundes (behangen mit langem Fell, Haaren an den Läufen)

Flibberdigibbet: Name eines Teufels

Flickering: Flickern, flattern

Flight: Fliegen, leichter, dünner mit Federn versehener Pfeil (für lange Distanzen), Vogelschwarm, Flucht, heimliche, schnelle Abreise

Florentine: Aus Florenz, Toscana, Norditalien

Florentius: Ritter aus John Gowers: Confessio Amantis, der eine alte, häßliche Frau heiraten mußte, um so die Antwort auf ein Rätsel zu erfahren, von dem sein Leben abhing. Als er sein Wort eingelößt hatte verwandelte sich die alte, häßliche Frau in eine junge, schöne Frau

Flote: Meer, Welle, Flut

Flourish: Glanzlack, Firnis, Fanfarenstoß mit Trompeten, mit einem Fanfarenstoß empfangen, aufblühen, gedeihen, blühen, sich vermehren, ein Schwert markieren, zeichnen, färben, lackieren, mit der Klinge triumphieren, winken

Flush: Reif, erwachsen, voll, in jugendlichem Saft und Kraft stehen

Foeman: Kriegsgegner. Feo = Feind

Foin: Beim Fechten zustoßen, Stoß

Foison: Fülle, Überfluß, reiche Ernte

Foils`zanies: Zauberstäbe mit einem Narrenkopfe am Ende

Folly: Verkommenheit, Verdorbenheit des Geistes, Verstandes, Sinnlichkeit, Lüsternheit, Irrsinn, Verrücktheit, Dummheit

Fond: Närrisch, kindsch, toll, vernarrt sein in, lieben, nichtig, unreif, verrückt, geringfügig, unbedeutend

Fond-done: Närrische, kindische Ausführung, Art und Weise, Verhalten, Verrichtung

Patched fool: Gefleckter Narrenmantel. Der Narr Kardinal Wolseys hieß Patch

Foot-ball player: Englische Fußballspieler hatten offensichtlich schon vor 400 Jahren ein sehr schlechtes Image. Sie galten als extrem gewalttätig, grobschlächtig und rüpelhaft. Dieses Spiel kam also für einen Gentleman nicht in Frage

Foot-cloth: Schabracke, Prachtdecke, die das Pferd bis zu den Fesseln bedeckte

Forbid: Verbieten, zerstören, verfluchen, vermeiden, abwenden, verboten

Force: Kraft, Stärke, Gewalt, Herrschaft, Fähigkeit, Stress, Tugend, Wirksamkeit, Arbeit, Praxis, Rechtsgültigkeit, Stichhaltigkeit, Gegenwehr, Vergleichsgewicht, Eichgewicht, Notwendigkeit, Bedürfnis, Überzeugungskraft, Kriegsvorbereitung, Armee, Truppen, Sturm, drängen, fordern, erzwingen, (auf)zwingen, durchführen, vollstrecken, (aus)stopfen, vollstopfen, verstärken, hinreißen, antreiben, schätzen, sich kümmern um, achten, hasten, geschehen lassen, vergewaltigen, entzücken, verletzen

Fordid: Zerstört, vernichtet

For(e)do: Zerstören, vernichten, überwältigen, erschöpfen

Foredone: Überwinden, überwältigen, erschöpfen

Forfend: Vermeiden, abwenden, verbeten

Foreign: Fremdartig, fremd, nicht verwandt

Forepast: Vorangegangen

Fore-slew: Schlendern, trödeln, sich verspäten, bummeln

Forestall: Durch Vorwegnahme verhindern, berauben, entziehen, vorverurteilen, vorbeugen, zuvorkommen

Forgetive: Erfinderisch, phantasievoll

Forked: Gehörnter Ehemann, zweibeinig, zweigeteilt

Formal: Formal, äußerlich, regulär, dem Brauche entsprechend, gewöhnlich, üblich, genau, förmlich, ordentlich, pedantisch, würdevoll

Former: Vordern, an erster Stelle platzieren, alt, vergangen, vorderste, vorhergehend, der Erste von Zweien, vorher, früher, vor, bevor, höherrangig

For(e)spent: Erschöpft, leer, verschwendet, ausgepumpt, verwüstet, vergangen, bereits verschenkt, vergeben, gewährt

Forspoke: Widersprechen, verneinen, opponieren, sich widersetzen

Forthcoming: Vor einem Richter erscheinen, vor Gericht erscheinen

Forty pence: Eine sprichwörtlich kleine Summe zum Wetten oder Spielen

For(e)wearied: Verschlissen, verbraucht, erschöpft

Foul: Beschmutzen, verdrecken, ungerecht, unschön, schlecht, ungünstig, dreckig, häßlich, schmutzig, ungesund, schlammig, wolkig, stürmisch, korrumpiert, böse, verunreinigt, unklar, ärgerlich, stürmisch, schlimm, schändlich, nachteilig

Fox: Fuchs, Jargonausdruck, heuchlerischer Ausdruck für ein Schwert, (der Fuchs als Sinnbild für einen listigen Begleiter)

Foxship: Undankbarkeit

Frampold: Gereizt, ärgerlich, böse, streitlustig

Frank: Ein Name, Schweinestall zum Mästen, großzügig, freigiebig, frei, offen, unverstellt

Franklin: Freier Bauer (Freisasse), jemand, der nicht zu Hand- und Spanndiensten verpflichtet ist

Frater(r)etto: Name eines Teufels

French crowns: Französische Münzen (écu), Kahlköpfigkeit in Folge einer Geschlechtskrankheit die z. B. mit Quecksilber behandelt wurde

French crown colour: Goldfarben, blond, hell glänzend

French hose: Sehr weit geschnittene Hosen nach der damaligen Mode

Fret: Griffleiste einen Saiteninstrumentes, toben, zerfressen, verschleißen, umgraben, verrotten, korrumpieren, heftigst angreifen, verärgert sein, wütend sein, sich wund reiten, angebetet, veränderlich

Friend: Liebhaber, Hausfreund, Geliebte, Freund, Eltern, bevorzugen

Frippery: Second-Hand-Laden, Trödelladen für alte Kleidung und andere gebrauchte Dinge

Frize: Grober Wollstoff aus Wales

Froissard, Froysard: Jean Froissard, französischer Dichter und Historiker 1333 oder 1337 bis ca. 1410

From: Von, aus, unter, zwischen, wegen, fort, infolge, durch, weit von, anders als, in Unterschied zu

Fronted: Widersprechen, opponieren, verneinen

Frontier: Äußere Befestigungsanlagen, Außenwall, Gräben, Wasserläufe, etc.

Frontlet: Stirnband, Stirnrunzeln

Frush: Heftig schlagen, quetschen

Frustrate: Vereiteln, enttäuschen, eitel, nutzlos

Fulfill: Füllen, vervollständigen, vollführen, darstellen, vollenden, aufgefüllt, abgefüllt, restlos gefüllt, darstellen, ausführen

Fulham, Fullem: Heuchlerischer Begriff für Betrug beim Würfelspiel. Ein Fulham ist ein falscher, präparierter Würfel, mit nicht zufälligem Ergebnis. Der Ausdruck wird auch allgemein für einen Schwindel, Betrug verwandt. Ursprung ist möglicherweise ein Stadtteil von London mit gleichem Namen, der häufig von Spielern besucht wurde.

Full: Fülle, vollständig, komplett, ganz, gefüllt, vollgestopft, vollkommen, vollendet, voll, befriedigt

Fumiter, fumitory: Erdrauch, Blausporn (Heilpflanze, der Legende nach entspringt Erdrauch dort, wo Rauch aus der Erde hervortritt. Erdrauch ist ein sowohl keltisches als auch germanisches Räuchermittel. Der Rauch hat stark reizende Wirkung. Zur Wintersonnenwende bzw. zu Weihnachten, Sylvester und zum 6. Januar werden damit Häuser und Stallungen gesegnet. Erdrauch ist auch im Frühling zu Salaten verwendet worden.)

Furnished: Stiften, ausstatten, überprüfen, bereichern

Fustilarian: Ein Vorwurf: dumm, leer

G

Gaberdine: Weiter langer Umhang, Mantel aus groben Garne
Jewish gaberdine: Solch ein Übermantel war wohl zu Shakespeares Zeiten das Erkennungsmerkmal für einen Juden auf der Bühne
Gad: Langer Nagel, Spieß, Stahlspitze, Bullentreiber, Spitzhacke zum Zerkleinern, Zerbrechen von Fels und Erz, herumhängen, bummeln, sich treiben lassen
Done upon the gad: Aus einer momentanen Laune heraus, etwas plötzlich tun
Gain-giving: Befürchtung
Gallia: Frankreich, Wales
Galliard: Lebhafter, flinker, lustiger Tanz des 16. - 17. Jahrhunderts
Galliasses: Ein Galeeren -Typ, Knastbruder, Strafgefangener. Viele Jahrhunderte war es in Europa üblich Menschen, als Galeerensklaven, an die Republik Venedig zu verkaufen. Dieses Glück wurde jenen zu teil, die nicht zum Tode verurteilt wurden. Bei denen aber eine Körperstrafe etc., nicht angemessen, also zu gering, erschien.
Gallow: Ängstigen, erschrecken, fürchten. Gallows = Galgen
Galloway nags: Kleine Pferderasse aus Schottland, Mietpferd, Klepper, Dirne
Gallowglasses: Schwer bewaffneter Fußsoldat aus Irland oder von den westlichen Inseln. Eigentlich Galloglass
Gallymawfry: Gemisch, Mischung
Game of tick-tack: Brettspiel (Tric-trac), sexuelle Anspielung
Garboils: Aufruhr, Aufregung
Gargantua: Gefräßiger, gieriger Gigant, mit großem Rachen, aus Frankreich
Garish: Ausrüstung, Ausstattung, grell, protzig, auffallend, blendend
Everlasting garment: Sträflingskleidung
Garner: Kornkammer, Getreidelager
Garnered up: Verwahren, aufheben, schützen
Garter`s compass: Hosenbandorden (Order of the Garter)
Gaskins: Gally-gascoins, weite Kniehosen
Gasted: Verängstigt, furchtsam
Gaultree Forest: Sutton-on-the-Forset, nördlich von York
Gawd: Zauberstab, Spielzeug. Eigentlich gaud = Tand, Putz, Flitter
Gaze: Mittelpunkt des Interesses, gespannter Blick, begieriger Blick, aufmerksam schauen
Gear: Allgemeiner Begriff für Dinge und Angelegenheiten, Bedeutungen (z. B. Kleidung, Geschäft, etc.)
Geck: Narr, Tölpel, Tolpatsch
General: Gesamtheit, Allgemeingut, Öffentlichkeit, Publikum, Führer, Oberhaupt, Befehlshaber, allgemein, gesamt, gewöhnlich, allumfassend, öffentlich
Generation: Zeugung, Fortpflanzung, Verbreitung, Rasse, Art, Nachkommenschaft, Abstammung, Menschenalter
Generosity: Hohe Geburt, Abstammung, adlige Vornehmheit
Generous: Besonders vornehm, edel, adlig
Gentility: Manieren, Sitten, Höflichkeit, gute Abstammung
Gentle: Besitzender Bürger, Angehöriger des niederen Adels, edle, adlige Abstammung, adlige, vornehme Menschen, adeln, veredeln, edel, hochmütig, nobel, liebenswürdig, friedlich, höflich, weich, zärtlich, sanftmütig, edelmütig, mild, harmlos, unschädlich, gewaltlos,
Gentry: Freundlichkeit, Höflichkeit, Gefälligkeit, Abstammung, Adel
German: Deutscher deutsch, verwandt
German hunting: Jagdszene, Ebernjagd, Tapeten aus Holland mit solchen Szenen. Holland gehörte bis zum Ende des 30 Jährigen Krieges zum Heiligen römischen Reich deutscher Nation und war kein eigenständiger Staat
Germins, germains: Keimlinge, keimende Samen
Gest: Strecke, Reise, Etappe, Zeitpunkt
Gib: Name für einen alten Kater
Giglot, giglet: Lüsterne, unkeusche Frau (Dirne)
Gilder: (Gold-) Münze (Niederländischer Gulden) im Werte von zwei Schilling. Ein Schilling entsprach einem 1/20 eines englischen Pfundes
Gillyvor: Einjährige Gartennelke, Dianthus caryophyllus
Gilt: Geld, goldene Münzen, vergolden
Gimmaled bit: Lückenhaftes Gebiß, Pferdegeschirr, Trensengebiß, an die Kandare genommen. Vor dem Anlegen des Pferdegeschirres werden dem Pferde Zähne gezogen um in diese Lücken das Geschirr einzupassen
Gimmors: Spielerei Kinkerlitzchen
Gin: Dohne, Laufdohne (Schleife am Boden, in bogenförmig eingesteckte Rutenbügel befestigte, mit Ebereschenbeeren versehene Schlinge aus, mit Pferdehaar zum Fangen von Vögeln), beginnen, anfangen
Ging: Bande, Truppe, Gruppe
Gird: Gefühl, Sarkasmus, umgürten, spotten, einstecken, nachdenken, einschließen
Turn his girdle: Seinen Ärger, seine Wut zähmen, zurückhalten. Seinen Gürtel durch die Schlaufen so zu ziehen, daß die Gürtelschnalle nach hinten rutscht, war die üblich Vorbereitung für einen Ringkampf, also eine Herausforderung zum Zweikampf

Glanders: Geschwulst, Entzündung mit Schleimabsonderung beim Pferde

Glass-faced: Jemand, der seine Gesichtszüge vor einem Spiegel einübt, kontrolliert, ein Spiegelbild der Launen und Meinungen des Hausherrn. Jemand, der sein Mäntelchen nach dem Winde hängt. Sprichwörtlich für einen Schmeichler, Speichellecker, Wendehals

Gleek: Spott, Gebrabbel, scherzen, unterhalten, täuschen, betrügen, verächtlich machen, spotten, sticheln, verhöhnen

Gloze: Erklären, kommentieren, drum herum reden, zusammenhangloses Zeug reden, brabbeln

Glut: Herunterschlucken, herunterschlingen, stürzen

Gnarled: Schwierig, verwickelt, verknotet

Gnat: Wolkengebilde, tanzende Insekten, Stechmücken, Gnitzen, kleine Fliegen

God (y)ield us: Gott vergibt es. Eigentlich: God pay, or yield (reward) us

God save the foundation: Bettlerspruch: Gott erhalte die Stiftung, der gewöhnliche Segensspruch der Almosenempfänger von mildtätigen Stiftungen

Gold of tissue: Stoff aus Tissu, Frankreich. Goldfasern, golddurchwirkter Stoff z. B. Brokat

Good-deed: In der Tat, allerdings, wirklich, tatsächlich

Good-den, godden, gooden: Abendgruß, guten Abend

Good-friday: Karfreitag

Good-life: Das gute, rechtschaffene, richtige Leben

Good-jer: Fluch, der gallische Tod (Pest ?)

Goodwins: Goodwin Sands, gefährliche Sandbank vor der Küste von Kent

Good-year, good-yeer(e), good-yere, good-ier: Syphilis, die französische Krankheit, Geschlechtskrankheiten und andere mehr oder weniger ansteckende Krankheiten deren Auftreten nicht erklärt werden konnte

Goose of Winchester: Geschlechtskrankheit, z. B. Syphillis, die man mit Schwitzkuren heilen wollte. Huren die sich angesteckt hatten und nun die Krankheit weiter verbreiteten. Der Name leitet sich wohl von den öffentlichen Bädern und Saunen ab. Man glaubte die Geschlechtskrankheiten hätten sich von einem dieser Bäder in Southwark aus verbreitet. Dieser Stattteil unterstand der Gerichtsbarkeit des Bischofs von Winchester

Go pipe for: Vergebens nach etwas verlangen, Etwas oder Jemandem hinterher pfeifen

Gorbellied: Fett, dick, wohlbeleibt, stattlich, korpulent, dickbäuchig, hängebäuchig

Gorboduc: Gorbodack, legendärer englischer König

Goss: Ginster, Stechginster, englischer Ginster, Stechheide

Gossip`s bowl: Mit gewürztem Warmbiere und gebratenen Äpfeln gefüllter Napf um den sich die Frauen zum schwatzen versammeln, Klatschbase, tratschende, geschwätzige Frau

Goths: Goten

Gourd: Besonderer, falscher Würfel

Gout: Tropfen, Entzündung der Gelenke (Gicht, Rheuma?), Gichtknoten, Warze

Grace: Göttin der Schönheit, Grazie, Gunst, Freundlichkeit, Ehre, Anstand, Gnade, göttliche Gunst, Errettung, Gottheit, Glück, Gesegnetheit, Schönheit, Fröhlichkeit, Tugend, Dankgebet vor dem Essen, ehren, adeln, zieren, würdigen, beschönigen, beglücken, erhöhen, erheben, verherrlichen, begünstigen, glücklich machen, preisen

Gracious: Lieblich, schön, vornehm, großzügig, fröhlich, heilig, freundlich

Grained: Bis ins Mark gehend, eine Maserung erzeugend, rauh

Gramercy: Große Gnade, großer Dank

Grand liquor: Zaubermittel. Aurum potabile, eine alchimistische Tinktur zum Vergolden, bzw. um Gold zu machen, bzw. um Blei in Gold zu verwandeln

Grange: Landwirtschaftlich genutztes Gebäude eines Klosters, ein einzelnes, alleinstehendes Bauernhaus

Gratillity: Trinkgeld, Belohnung, Abfindung

Gratulate: Belohnen, Freude bereiten, glücklich machen, befriedigen

Grave: Grab, beerdigen, einschneiden, einritzen, auskratzen, gravieren, schnitzen, begraben, würdig, würdevoll, ehrwürdig

Graves: Rüstungsteil für Beine, Beinschienen

Gray`s Inn: Londoner Gerichtsschänke, besucht von Jurastudenten

Greasily: Widerlich, grob, derb, häßlich, schmutzig

Greaves: Rüstungsteil für Beine, Beinschienen

Green: Wiese, Weide, Grasebene, ein Name, ein mit Grassoden bedecktes Grab, grün, frisch, neu, jung, unreif, unerfahren, roh, frisches Laub, frische Kräuter, Etwas grün gefärbtes, grünlich-kranke Gesichtsfarbe

Green-sickness: Bleichsucht, Krankheit

Greenly: Ungeschickt, linkisch

Greet: Grüßen, danken, Bitten vortragen, sich Etwas wünschen, Artigkeiten austauschen, Respekt erweisen, freundlich sein, belohnen, achten, sein Auge haben auf Etwas, treffen

Green-sour-ringlets: Feenkreise im Graswuchs, als Zeichen der Feentänze, Hexenkreise

Grievance: Ärger, Leid, Sorge, sorgenvolle Liebe, Zuneigung, Trauer

Grise, grize: Schritt, Stufe, Rang

Grissel: Griselda, aus Chaucers: Clerk´s tale, Beispiel für weibliche Geduld

Groat: Vierpencemünce

Grossly: Offensichtlich, rüde, gröblich, dümmlich, gigantisch, auf der Hand liegend

Groundling: Gäste im Parkett eines Theaters (auf den billigen Plätzen)

Growing: Wachsen, vergrößern, sich entwickeln, heranwachsen, aufschießen, werden, reifen, erscheinen, beginnen, sein, existieren, leben, auf natürliche Weise hervorkommen, fällig werden

Guard: Wache, Aufsicht, Schutz, Verteidigung, Wächter, Aufseher, Ornament, Schmuck, Zierrat, mit einem Ornament versehen, schmücken, verzieren, schützen, sichern, zeigen, schmücken, beschützt, gesichert, beaufsichtigt, bewacht
Gudgeon: Gründling, ein leicht zu fangender Fisch, bzw. leicht zu täuschender Mensch
Guerdon: Belohnung, belohnen, borgen, leihen, ersetzen, entschädigen
Guerdoned: Belohnt, entschädigt
Guiled: Verräterisch, treulos, trügerisch, heimtückisch
Guinever(e), Guinover: Legendäre englische Königin, bekannt für ihre eheliche Untreue
Gules: Rot, eine Wappenfarbe
Gulf: Gurgel, Rachen, Schlund, Strudel, Wirbel, Gully, Abfluß, Ausguß
Gun-stones: Steinerne Kanonenkugeln (metallene Kugel kamen erst später in Gebrauch)
Gurnet, gurnard: Ausdruck der Verachtung, Knurrhahn, ein Meeresfisch mit stacheliger Rückenflosse und gepanzerter Wange
Gust: Geschmack, Planung, Windstoß, Bö, Würze, Idee, bemerken, erkennen
Guynes: Guines, Picardie, Nordfrankreich
Gyve: Fesseln, einfangen, in die Schlinge gehen, auf den Leim gehen
Gyves: Ketten, Fesseln

H

Hack: Kerbe, Einschnitt, Unheil, Unfug anrichten, billig und gewöhnlich werdend
Ha`rfordwest: Haverfordwest in Pembrokeshire, südwestliches Wales
Hagar: Ägyptische Nebenfrau von Abraham, Mutter von Ismael, Dienerin von Abrahams Frau Sarah
Haggard: Wilder noch nicht abgerichteter Falke, wild, tierisch, toll
Halcyon beaks: Nach dem Volksglauben dreht sich der Schnabel eines ausgestopften, an den Füßen aufgehängten Eisvogels steht in den Wind, wie eine Wetterfahne
Half a score: Zehn
Halidom: Bei den Heiligen schwören
Hallowmas: 1. November
Hampton: Southampton in Südengland
Hand-saw: Fuchsschwanz, Handsäge
Hanger: Halterung für Stichwaffen (Degen, etc.) an einem breiten Gürtel (Gehenk, Gehänge)
Hardiment: Tapferkeit, Übermut, Kühnheit
Hardock, harlock: Wilder Senf (häufige Wildpflanze in Europa, wird sowohl als Gewürz als auch als Heilpflanze verwendet). Senf sollte gegen Natterngift, Zahnweh, Warzen und andere Hautkrankheiten helfen. Große Klette?, Kornblume?
Harlot: Betrüger, Vagabund, Schurke, lüsterne, unzüchtige Frau, Prostituierte, Hurenbock, unzüchtiger Mensch
Harlotery player: Schauspieler welche Liebesszenen darzustellen hatten. Zu Shakespeares Zeiten durften nur Männer und Jünglinge beim Theater mitspielen
Harp: Harfe, den wunden Punkt berühren, treffen
Miraculous harp: Harfe des Amphion. Aus Rache für die Behandlung ihrer Mutter Antiope durch Lykos und Dirke töteten Amphion und sein Zwillingsbruder Zethos beide, danach ummauerten sie Theben. Zethos schaffte hierfür die Steine herbei und durch das Harfenspiel des Amphion fügten sich die Steine von selbst zu einer Mauer zusammen
Harrow: Ärgern, quälen, aufwühlen
Harry: Ein Name, belästigen, quälen, aufreiben, etwas schlecht, unachtsam behandeln, verängstigen
Harry ten shillings: Halber Sovereign, Münze zu zehn Schillingen aus der Regierungszeit Heinrich VII
Haste-post-haste: Sehr große Hast, Eile, Dringlichkeit. Solch eine Aufschrift fand sich auf Briefen, damit diese sofort weiter geleitet würden
Haught: Hochmütig, stolz, anmaßend
Haughty: Hochmütig, anmaßend, unverschämt, abenteuerlich, edel, leicht, fein
Haunt: Publikumsverkehr, die Gesellschaft einer Person, die Begleitung einer Person, eine Person zu häufig besuchen, wie ein Schatten folgen, ein bevölkerter Platz, aufdrängen
Having: Besitz, Gabe, Eigentum, Stiftung, Talent, Taschengeld
Havoc: Gemetzel, Zerstörung, Vernichtung, Kampf, niedermetzeln, abschlachten, zerstören, vernichten, verschwenden
Hay: Begriff aus der Fechterei (Treffer), Heu, ein ländlicher Tanz
Head: Kopf, Geweih, Anführer, Befehlshaber, Knospe, Keim, Spitze, Gipfel, Armee, Heer, Quelle, Vorgebirge, Ursprung, Begriff aus der Reiterei (freien Lauf lassen), Zügel hängen (schleifen) lassen, enthaupten
Heat: Hitze, Glut, Leidenschaft, Erregung, Aufregung, Wärme, Eile, Hast, Dringlichkeit, Durst, Lauf, Rennen, erhitzen, erwärmen, aufwiegeln, erregen, verwirren, erzürnen, verärgern, heiß werden, scharf schmeckend, bei einem Rennen laufen und die Bahn wechseln
Heavy: Schwer, schmerzlich, hart, vernichtend, zermalmend, schlecht, verdorben, ärgerlich, gewichtig, bedeutend, traurig, träge, kummervoll, langsam, dumm, schläfrig, müde, ermüdend, einschläfernd, schleichend, niedergeschlagen, düster
Hebenon, hebona: Schwarzes Bilsenkraut (Giftpflanze, Droge mit bewußtseinsverändernder Wirkung: Bestandteil der Hexensalbe, Flugsalbe), oder die Eibe von der man annahm sie lasse das Blut gerinnen
Hecat(e): Hekate, griechische Gottheit der Unterwelt, des Todes, etc. In der Antike hatte Hekate noch zahlreiche weitere Funktionen. Symbol für Magie, Geister und Hexerei
Hecuba: Hekabe, Priamos Ehefrau. Nach dem Fall von Troja, bei dem ihr Mann und ihre Söhne fielen, geriet sie in die Sklaverei oder wurde gesteinigt
Hedge-priest: Geistlicher vom niedrigsten Range
Hedge-sparrow: Heckenbraunelle, Bleikehlchen, oder die Zaungrasmücke (Müllerchen, Klappergrasmücke)
Hefted: Warmherzig, freundlich berührt, zärtlich
Hefts: Erbrechen, herauswürgen
Helen: Ein Name, die heilige Helena, gestorben 330 n. Chr., eine byzantinische Gastwirtin, Geliebte von Konstantius Chlorus, erbaute die Kirche zum heiligen Grab in Jerusalem
Helicon: Gebirgshain in Griechenland, am Golf von Korinth. Die neun Musen, Töchter des Zeus mit Mnemosyne, Quelle künstlerischer Ideen. Im Tempel von Helikon wurden die Musen besonders verehrt
Hell: Hölle, Kerker, Verließ in besonders schlechtem Zustande, extremen Leiden und Unglück ausgesetzt sein
Helmet: Helm einer Ritterrüstung
Hence: Künftig, von jetzt an, von hier, von hier nach dort, fort, weg, fern, aus dieser Ursache, hieraus, später, in Zukunft, anderswo
Henchman: Ehrenpage, Ehrenbegleiter
Hent: Ergreifung, Festnahme, ergreifen, in Besitz nehmen, erfassen, passieren, filtern

Herb-grace: Weinraute, Würz- und Zierpflanze. Die Staude galt in der Antike als Heilpflanze (gefäßerweiternd) gegen Gebärmutterschmerzen. Die stark duftende Pflanze wird zur Würzung des Grappas verwandt. Sie ist das Symbol der Reue, wie auch das Gnadenkraut, den die Reue führt zum Gnadenstand

Hercules and his load: Das Erkennungszeichen des Globe-Theaters. Eine Herkulesstatue einen Globus tragend

Hereby: Damit, nah, dicht bei

Herford: Hereford, Herefordshire, Westengland

Hermes: Griechischer Götterbote, Erfinder im Kindesalter der Lyra (schenkte diese dem Apoll) und der Flöte, Vater des Pan

Hermit: Eremit, Eins edler, Bettler, von der Fürsorge bzw. von Almosen lebend, gemieteter Fürbeter

Herod: Herodes, jüdscher König, in alten Schauspielen ein Beispiel für Wut und Wildheit

Hest: Befehl, juristischer Zwang

High-fantastical: Höchst phantasievoll, verträumt

High-repented: Stärkstens bereuend

Hight: Heißt, wird genannt

Hilding: Wertloser, unnützer, feiger Kumpan, Schuft, Begleiter, Begleiterin

Hilts: Schutzbügel an dem Hefte (Gefäß, Griff) einer Stichwaffe, der die Hand des Waffenführenden vor Verletzungen beim Entlanggleiten der gegnerischen Klinge schützen sollte

Hinckley, Hunckley: Stadt mit großem Markte in Mittelengland

Have on the hip, catch on the hip: Bei der Hüfte fassen, in seine Gewalt bekommen, im Vorteil sein. Ein Ausdruck aus der Ringersprache

His: Den Besitz anzeigender Begriff: sein, es

Hit: Hieb, Treffer, Schlag, berühren, streifen, treffen, töten, raten, herausfinden, ähnlich machen, erfolgreich sein, es, da, dort, ihre, seine, zusammentreffen, zustimmen

Hobbididance: Böser Geist

Hob-nob: Laß es passieren oder nicht passieren

Hoist: Hissen, hochziehen

Hold: Griff, Haft, Ladekapazität eines Schiffes, Festung, halten, festhalten, tragen, anheften, befestigen, zurückhalten, unterlassen, aufhalten, erhalten, beinhalten, fortsetzen, andauern, nicht aufgeben, durchhalten, aufbewahren, unterstützen, unterhalten, behaupten, verteidigen, ersetzen, beschützen, widerstehen, unterdrücken, beobachten, folgen, verfolgen, fortfahren, besitzen, empfangen, nehmen, haben, denken, urteilen, überlegen, abschätzen, wetten, aufs Spiel setzen, ertragen, ergreifen, standhaft bleiben, sich bewähren, zeigen, herausputzen, handhaben, ermutigen, unterhalten, besitzen, erhalten, abschätzen, wetten, ertragen, erdulden, bewirken, passen, überdauern, übereinstimmen, Freundschaft halten, Abstand halten

Hollow-eyed: Hohläugig, mit eingesunkenen Augen. Ein Zeichen für Unglück und Sorgen bei einem Manne

Holmedon: Humbleton, Dorf in Northumberland, Nordostengland

Holy: Heilig, pur, rein, göttlich, geheiligt, reinen Herzens, fromm, unterwürfig, rechtschaffend

Holy-root-day: 14. September

Home: Heimat, Vaterland, Heim, Haus, Wohnung, Rastplatz, Grab, heimatlich, heimisch, häuslich, tapfer, fair, keusch, zurückhaltend, zu Hause, nach Hause, zum Hause

Honest: Ehrlich, rechtschaffend, ehrbar, anständig, aufrichtig, aufrecht, wahrheitsliebend, bekömmlich

Honest as the skin between his brows: Sprichwörtliche Redensart. Die helle, haarlose Haut zwischen den Brauen galt als Zeichen für Ehrlichkeit. Jemandem, dessen Augenbrauen zusammengewachsen waren, war nicht zu trauen

Honesty: Keuschheit, Anständigkeit, Ehrbarkeit, Aufrichtigkeit, Wahrheitsliebe, Anstand

Honey-stalks: Kleeblüten (Klee wurde als Heilpflanze bei Augenleiden verwendet)

Honi soit qui mal y pense: Motto des englischen Hosenbandordens, des höchsten englischen Ordens: Ehrlos sei, wer Schlechtes dabei denkt

Honorificabilitudinitatibus: Möglicherweise ein Beweis für die Bacon -Theorie? Ein Anagramm für hiludi F. Baconis nati tuiti orbi (diese Spiele entstammen F. Bacon, bewahrt für die Welt)? Oder ein Beispiel für ein langes, unverständliches Fremdwort

Honour: Reputation, erworbener Ruf, Ehre, Wertschätzung, Respekt, Hochachtung, Verehrung, guter Name, Ansehen, Rang, Würde, Unterschied, Keuschheit, Reinheit, Titel für Adlige, Zeichen des Respektes, Rechtschaffenheit, Titel, Huldigung des Lehensnehmers, ehren, respektieren, verehren, achten, würdigen

Hood: Mönchkappe -kapuze, Gugel, Kogel, eine Mönchskappe tragend, bedeckt, verdeckt

Hoodman-blind: Blinde-Kuh-Spiel von Kindern

Hoop: Reifen, Band, Ausruf der Beleidigung, der Überraschung, des sich Wunderns, umklammern, umfassen, einkreisen

Hop(pe)dance: Böser Geist

Hostilius: Tullus Hostilus, dritter König von Rom

Hot-house: Bad, Bordell, orientalisches Dampfbad, Sauna, Gefängnis

Hox: Sehnen durchtrennen, lähmen, jemanden hinken lassen, die (natürliche) Bewegunsfreiheit einschränken

Hugger-mugger: Heimlich, still und leise, in aller Heimlichkeit, im Verborgenen, im Geheimen

Hull: Auf dem Wasser hin und her fahren ohne zu rudern oder zu segeln, sich treiben lassen

Humorous: Wechselhaft, feucht, launenhaft, eigensinnig, seiner Stimmung gehorchend

Hundred pound: Vorwurfsvoller Ausdruck für einen Snob, oder für Jemanden, dem nur 100 £ Einkommen im Jahr zur Verfügung stehen?, Jemand, der nur 100 englischen Pfund wiegt = 45,3592 kg?

Hungry: Unfruchtbar, öde, hungrig, abgemagert, abgezehrt

Hunkley: Hinckley, Mittelengland, bekannt für einen großen Markt

Hunt-counter: Der falschen Spur, dem falschen Schweißgeruch (Blutspur) folgend

Hunt`s-up: Name einer morgentlichen Melodie, eines morgentlichen Liedes (Signal um Jäger zu wecken)

Hurdle: Hürde, Schlitten, Kuhhaut, auf der der Verurteilte zur Hinrichtungsstätte gezogen wurde (das paßt auf keine Kuhhaut)

Hurly: Lärm, Aufruhr, Tumult

Hurt: Gewaltsam stoßen, zerren, drücken

Hybla: Name dreier antiker Städte auf Sizilien. Hybla Geleatis (Gereatis) am Ätna gelegen; Hybla bei Megara (Hyblaea) bei Melilli oder Hybla Heraia (Ragusa Inferiore) nördlich von Ragusa

Hymen: Hymenaios, griechischer Gott der Eheschließung

Hyrcanian, hyrcanian beast, hyrcanian desert: Hyrcanischer Tiger, sprichwörtlich für seine Grausamkeit und Wildheit. Hyrcanien bedeutet Wolfsland, gelegen an der südöstlichen Küste des Kaspischen Meeres, entspricht der iranischen Provinz Masendaran

Hysterica passio: Die Hysterie wurde auch als mother bezeichnet, da ihr Ursprung in der Gebärmutter vermutet wurde. Aber auch Koliken, Blähungen des Unterleibes, Erkrankungen des Kopfes, des Rachens, etc. wurden so bezeichnet

I

Ice-brooke: Gletscherbach, Gletschermilch, durch Eiswasser gehärtet
Iceland dog: Zotteliger, spitzohriger weißer Schoßhund für Frauen, der zur Zeit Elisabeths I häufig aus Island eingeführt wurde, und in Mode kam
I`fecks: Getreulich, genau
Ignomy: Schande, Schmach. Eigentlich: ignominy = Schande
Ignorant-fumes: Das Bewußtsein beeinflussende, raubende Dämpfe (Orakel von Delphi)
Illion, Il(l)ium: Troja, bei den Dardanellen, Westtürkei
Ill-inhabited: Schlecht untergebracht
Ill-nurtured: Unhöflich, ungezogen
Illyria: Küste Dalmatiens, Kroatiens
Image: Idee, Verkörperung, Nachahmung, Kopie, Abbild, Darstellung, Vorstellung, Bildnis, menschliche Figur, Erscheinung eines Menschen
Imaginary: Visionär, aus der Phantasie geboren
Imbar, imbarre: Ausschließen, begrenzen
Immanity: Wildheit, Barbarei, Grausamkeit
Immediacy: Stellvertreterschaft. Eigentlich: immediate = unmittelbar
Impair, impare: Schwächen, verletzen, verschlechtern, unpassend, unverschämt
Impartial: Teilnahmslos, gerecht, ausgleichend, unentschieden, unparteiisch
Impawn: Wetten, aufs Spiel setzen, wagen, verpfänden, versetzen
Impeach: Anklage, Vorwurf, anklagen, vorwerfen, einem Vorwurfe aussetzen
Impeachment: Anklage, Vorwurf, Hindernis, Behinderung
Imperious: Diktator, Thyrann, großartig, königlich, majestätisch, herrschaftlich, sich als den Herrn aufspielen, diktatorisch, tyrannisch
Imperseverant: Leichtsinnig, gedankenlos, schwärmerisch
Impeticos: Etwas in die Tasche stecken, Etwas in den Unterrock stecken (närrische, alberne Ausdrucksweise)
Importance: Folge, Wichtigkeit, Bedeutung, dringendes Bitten, nachdrückliches Nachfragen
Import: Tendenz, Bedeutung, Inhalt, mitteilen, beinhalten, bekannt machen, ausdrücken, bedeuten, zeigen, meinen, betreffen, angehen
Impose: Befehl, Order, eine Bürde, Strafe auferlegen, einem Befehl, Auftrag unterliegen
Imposition: Anklagen, beschuldigen, betrügen, hochstapeln
Impress: Druck, Markierung, Zeichen, Wappenschild mit einem Motto, erzwungener öffentlicher Dienst, in den Armeendienst pressen, Plan, das Herz ansprechen, anrühren, Eindruck machen, beeindruckt sein
Impugn: Opponieren, widersprechen, entgegentreten
Incarnedine, incarna(r)dine: Mit roter Farbe beschmutzen, bemalen. Eigentlich incarnadine
Incense: Brandopfer (Weihrauch, etc.) entzünden, entflammen, reizen, verärgern, anstiften, provozieren, informieren, anleiten, verständigen, angedeutet, vorgeschlagen, hingewiesen, angeregt, angespornt, aufgehetzt, gereizt, verärgert, entzündet, entflammt, provoziert, informiert
Incision: Aderlaß, Probe der Tapferkeit, Männlichkeit (die an der Farbe des Blutes zu erkennen ist). Der Aderlaß ist zu Shakespeares Zeit eine universelle Methode der Ärzte um den Blutdruck zu senken, um dem Körper Gifte zu entziehen, Herz, Leber oder Niere zu behandeln
Inclining: Wahl, Neigung, Vorliebe
Inclip: Umfassen, umschließen
Include: Schließen, beenden, folgern, bestehen aus, einschließen
Inclusive: Eingeschlossen, beigefügt, umfassend, kraftvoll, bedeutungsvoll
Incony: Fein, zart, köstlich, schmackhaft, empfindlich
Incorrect: Schlecht geregelt, nicht unterworfen, nicht unterdrückt, nicht ausgepeitscht, nicht bestraft, mangelhaft, fehlerhaft
Incur: Verantwortung übernehmen, haftbar gemacht werden, auf sich laden, sich aussetzen, sich zuziehen
Ind(e): Indien
Indent: Geschäfte machen, handeln, hin und her getrieben, kreuz und quer, sich nicht für eine Richtung entscheiden können, unentschlossen
Indenture: Vertrag dessen zwei Ausführungen auf einem Blatte geschrieben wurden, das Blatt wurde mit einer gezackten, eingekerbten Linie zerschnitten. Beim späteren zusammenfügen wurde so die Echtheit der Urkunde bezeugt
Index: Zeichen, Hinweis, Vorwort
Indian: Indianer
Indian beauty: Ironische Anspielung auf eine dunkle Hautfarbe der Indianer, zigeunerartig, fremd
Indian with the great tool: Indianer wurden in London in Völkerschauen als Jahrmarktsattraktionen ausgestellt. Das große Werkzeug ist eine obszöne Anspielung auf einen großen Penis. Wegen der Anziehungskraft dieser Indianer wäre selbst an Hofe mit Bastarden zu rechnen
Indies: Ostindien, Karibik, Herkunft der Gewürze, Gegend großen Reichtumes
Indifferent: Unentschieden, unparteiisch, bedeutungslos, gewöhnlich, normal, ziemlich, fast, beinahe
Indite: Schreiben, abfassen
Induction: Vorbereitung, Beginn, Einführung

Indue: Dotieren, ausstatten, aussteuern, ergänzen, ersetzen, gewähren, darreichen, liefern, versehen, versorgen, verschaffen

Indurance: Haft, büßen, dulden, leiden

Infamonize: Schmähen, verleumden, entehren

Infinite: Unendlichkeit, Grenzenlosigkeit, grenzenlos, endlos, schrankenlos, ungebunden, unzählbar, zahllos

Infolding: Kleider, Kleidung

Ingaged: Unbeschäftigt, unangegriffen, unbeteiligt, ungebunden, frei

Ingener: Erfinder, Erbauer, Gestalter, Konstrukteur, Ingenieur

Ingraft: Verwurzelt, angesiedelt, eingeimpft

Inhabitable: Unbewohnbar

Inherit: Besitzen, beherrschen, in Besitz nehmen, von einem Vorfahr erlangen, erben, ein Erbe antreten

Inhibit: Verbieten, untersagen

Inhooped: Von einem Reifen umschlossen, zusammengehalten, umzäunt

Inkhorn-mate: Bücherwurm, belesener, gebildeter etwas weltfremder Mensch, jemand der lieber liest als zu leben, pedantischer, unpraktischer Mensch

Inkle: Band, Garn, Kordel, Schnur, Wollgarn aus Worsted

Inland: Ebene, aus dem Flachland kommend, städtisch, zivilisiert, urban

Insconce: Befestigen, stärken, schützen, verstecken

Insculp: Graviert, geprägt, eingraben, prägen, gravieren, einschneiden, schleifen

Inseperate: Untrennbar, unzertrennlich, unteilbar

Instance: Motiv, Muster, Ursache, Leitgedanke, Beispiel, Antrieb, Probe, Zitat, Zeichen, Signal, Beweis, Argument, Sprichwort

Insult: Unendlichkeit, Grenzenlosigkeit, unendlich, schrankenlos, ungebunden, grenzenlos, unzählbar, zahllos

Intend: Vorgeben, Talent, vortäuschen, so tun als ob, vorhaben, wünschen, verstehen, meinen, beugen, biegen, neigen, bedenken, heucheln, vorschützen, beinhalten, formen, richten, beabsichtigen, eine bestimmte Neigung haben, begabt sein, richten auf, beabsichtigen, bezwecken, vorhaben, verstehen, vorgehen, beabsichtigen

Intendment: Absicht, Neigung, Wesen, Ziel, Vorhaben

Intenible: Unfähig etwas zurückzuhalten, durchlässig

Intention: Neigung, Ziel, Tendenz

Intentively: Mit voller Aufmerksamkeit, intensiv

Intercessor: Rechtsbeistand, fürsprechen, verteidigen

Interest: Recht, Anrecht, Anspruch, Eigentum, Vorteil, Angelegenheit, Anliegen, Anteil, Teilhabe, Anspruch, Besitz, Zins, Wucherzins

Intergatory, inter(ro)gatories: Befragung, Vernehmung, Verhör unter Eid

Intrenchant: Etwas, das nicht geschnitten, geschliffen, verkürzt werden kann, unverwundbar, unteilbar

Intrinse: Innerlich, tief verwurzelt, vertraut, gründlich

Invention: Vorstellung, Einbildung, Phantasie, Idee, Verstand, Gedanke, Erfindung, Poesie, Plan, Geschick, Trick, Lüge

Inwardness: Intimität, Vertrautheit

Iris: Griechische Göttin des Regenbogens, Botin von Zeus, Hera und Juno

Irk: Erschweren, behindern, schmerzen, langweilen, abtöten

Iron-clad: Eine Rüstung tragend

Irregulous: Rechtlos, unerlaubt, lüstern, unzüchtig, lasterhaft

Isis: Ägyptische Göttin des Mondes, der Fruchtbarkeit und der Magie. Wurde auch in Griechenland und Rom verehrt

Issueless: Kinderlos, ohne Nachkommen

Issue: Konsequenzen, Folgerungen, Taten, Frucht, Rückschlüsse, Heldentaten, Handlungen, Produkte, Ergebnisse, Schlußfolgerungen, Nachkommenschaften, Kinder, nähere Verwandte, herauskommen, hervorkommen, ausgehen von, entspringen, ausbrechen, sich aufmachen, herausfließen, hervorquellen, herabsteigen

Iteration: Zitat, Wiederholung, Behauptung, Aussage, Vorstellung

J

Jack: Kosename für John, Taufname von Rugby, Falstaff und Cade. Der Stundenzeiger einer alten Uhr, die Taste eines Virginals, die Spielfigur beim Bowling, ein Flüssigkeitsmaß von einem halben Pint (ca. 250 ml). Ein Begriff der Verachtung für einen frechen, gemeinen, kindlichen Begleiter. Der Begriff Jack wird im Englischen für so ziemlich alles gebraucht. Er kann für Dinge stehen, aber auch für eine Bewertung. Er kann einen gewöhnlichen Mann, einen Matrosen oder einen Helfer benennen. Shakespeare benutzt ihn um etwas Niedriges, Dummes, Niederträchtiges, Verräterisches und Gemeines zu benennen.

Jack-a-lent: Repräsentant für Judas Iscariot. Eine Puppe desselben wurde bei Prozessionen während der Fastenzeit mitgeführt und beworfen. Zielscheibe für Spott und Kritik, Sündenbock

Jack guardant: Ein sich wichtig machender Beamter

Jade: Alter Klepper, verachtungsvoller Ausdruck für ein wertloses, verdorbenes Pferd, Mensch, verachten, treten, lächerlich, bemitleidenswert

Janus: Altrömischer Gott der Tür, nach innen und außen schauend, deshalb mit zwei Gesichtern dargestellt, eines freundlich und eines ärgerlich

Japhet: Noahs dritter Sohn, der Urvater Europas

Jar: Das Klicken, Ticken (tick-tack) einer mechanischen Uhr (schräger Klang, Pendelschlag), Streit, Kampf, einen Mißton erzeugen, streiten, kämpfen

Jaunce: Wild reiten, in einer belustigenden Weise umherstreifen, sich tummeln

Jephthah: Israelischer Richter, der für einen Sieg ein Familienmitglied opfern wollte

Jesses: Geschirr aus Leder oder Seide eines Falkens, zum Festhalten des Falkens durch den Falkner (Fußfesseln)

Jest: Scherz, Zielscheibe des Spottes, eine Rolle in einer Maskerade spielen, sich hinter einer Maske verstecken, spaßen, spielen, veralbern, nicht ernsthaft reagieren, nicht zu ernsthaft sein

Jet: Pechkohle, Braunkohle, stolzieren, paradieren, beleidigen, unverschämt behandeln

Worth a Jewess`eye: Sprichwörtliche Redensart. Eine große Menge Geld, Profit, Gewinn

Job: Biblischer Stammvater, Symbol für Bestimmung und Geduld

John: Little John, ein Begleiter Robin Hoods

Jointure: Wittum, Erbteil, Nutzrecht der Witwe

Julio Romano: Guil o Pippi 1499-1546, ein berühmter italienischer Maler und Architekt

Jordan: Nachttopf, der morgens aus dem Fenster geschüttet wurde

Journal: Täglich

Jove: Höchster römischer Gott (Jupiter), er steht für Blitz und Donner, Wetter, etc.. Und für seine Versuche Frauen in unterschiedlicher Gestalt zu verführen

Jove`s own page: Ganymedes (Catamitus) wegen seiner Schönheit von Zeus zu seinem Mundschenk und Liebhaber erwählt

Jovial: Zu Jupiter gehörend, fröhlich, heiter, lustig

Jump: Risiko, Gefahr, Wagnis, übereinstimmen, etwas riskieren, eine Gefahr eingehen, etwas wagen, zu Boden stürzen, klopfen, markieren, reizen, auszeichnen, springen, zu Boden werfen, hüpfen, überspringen, tätscheln, gerecht, richtig, genau, gerade

Juno: Höchste römische Göttin, Ehefrau von Jupiter. Sie steht für Geburt, Ehe, Mond

Justicer: Justizbeamter, Richter

Jut: Vorschubsen, vorstoßen, vorpieksen, antreiben, planen, entwerfen

Jutty: Vorentwurf, vorausplanen, etwas vorhaben, entwerfen

Juvenal: Jugendlicher

K

Keech: Fett eines Ochsen aufgerollt von einem Schlachter zu einem Klumpen, Kloß, Klops, Masse, Haufen. Der Name der Ehefrau eines Schlachters und auch der Name seines Sohnes
Keel: Kiel, Schiff, kühlen, Schaum abheben
Keisar: Kaiser, Imperator
Kendal-green: Grüner Stoff aus Kendal, Westmoreland, Nordwestengland
Kerne: Leicht bewaffneter, irischer Infanterist (Fußsoldat). Eigentlich kern
Key-cold: Kalt wie Eisen, vollkommen erkaltet
Kick(s)y-wick(s)y: Lächerlicher Spitzname für eine Ehefrau (Weibchen)
Killingworth: Schloß Kenilworth zwischen Coventry und Warwick, Mittelengland, gelegen. Heinrich V machte hier nach der Schlacht von Agincourt eine Rast
Kiln-hole: Feueröffnung eines Brennofens, einer Darre
Kimbolton: Schloß in Cambridgeshire, Ostengland
Kind: Natur, Wesen, Eigenart, Rasse, Art, Gattung, Weg, Art und Weise, Sorte, Nachfahre, natürlich, wohlgeraten, freundlich, gütig, wohltätig, vornehm, zärtlich, liebevoll
Kindless: Unnatürlich, nicht dem Wesen entsprechend
Kindly: Verwandschaft, natürlich, dem Wesen, der Eigenart entsprechend, verwandt, großzügig
Kinged: Regiert durch, geführt, beherrscht, dem Befehl unterstehend, zum König gemacht
Kingly-poor: Zu arm für einen König
Kinsman: Männlicher Blutsverwandter
Kirtle: Teil der Kleidung einer Frau, eines Kleides, einer Kutte (Überhemd, Kittel)
Knave: Diener, Knecht, Lakai, Junge, Bursche, junger Begleiter, Knappe, Schuft, Schurke
Knife: Dolch, Schwert, Messer, Hieb- oder Stichwaffe
Knot-grass: Vogelknöterich, dessen Sud (Abkochung) sollte das Wachstum von Mensch und Tier hindern
Knot: Gartenbeete (im Stile der französischen Renaissance) knorriger Teil eines Astes, Gesellschaft, verdrehte, verbundene Fäden, Knoten, sich paarende Kröten, gedanklicher *roter* Faden, gedankliche Verbindung, verschränkte Arme
Know: Anerkennen, zugeben, wissen, sich einer Sache bewußt sein, lernen, vertaut mit, bekannt mit, erinnern, fühlen, seiner Selbst gewahr werden, unterscheiden, bestehen, sehen, wahrnehmen, bezeugen, geschlechtlich verkehren mit (im biblischen Sinne kennenlernen), gelernt, informiert
Know of: Fragen, sich erkundigen
Kony: Fein, zart, schmackhaft, empfindlich
Kymmalton: Kimbolton ein Schloß in Cambridgeshire, Ostengland

L

Labras: Lippen
Lacedeamon: Lakecämon bei Sparta, Südgriechenland
Laced mutton: Heuchlerischer Ausdruck für eine Dirne, Geliebte, Schatz, Mädchen
Lackey, lacquey: Sich wie ein Lakai oder Page bewegen
Lag: Das angeschmutzte Ende, der nutzlose Rest, die Nachhut bestehend aus Gesinde, Dirnen, etc. ,trödeln, hin und her schlendern, sich abmühen, spät, später, hinter
Lammas Eve: 31. Juli
Lammastide: 1. August
Lampass: Wucherung des Zahnfleisches, Gaumens beim Pferd (Froschgeschwulst)
Lance: Speer, Lanze, durchbohren, schneiden, amputieren, operieren
Land-damm: Auf einer durch Horn- und Trompetenfanfaren einberufenen Versammlung der Landbevölkerung ausgerufene Verbannung, Verweisung, öffentliche Tadelung etc.. Bei der Verbannung handelte es sich um keine geringe Strafe. Der Verurteilte verlor damit sein Heimatrecht und seine Bürgerrechte. *Siehe auch Galliasses oder Pain.* Ein Fremder war praktisch rechtlos, vogelfrei. Er mußte durchs Land ziehen, oder Jemanden finden der ihn bei sich aufnahm, und ihm eine neue Heimat gab
Land: Landeplätze für Boote, Sandbänke, Mole, Quai, flache Küstenabschnitte, Grund, Fest(land), Landstrich, Boden, an Land gehen, vor Ufer gehen, Grundbesitz
Lapsed: Aufgeschreckt werden, auf frischer Tat ertappt, in flagranti, versunken, tagträumend, Zeit, die man vergeudet, während man sich irrt, verirrt
Lapwing: Kiebitz, Nestflüchtling, Taugenichts, täuschen
Large: Groß, lang, weit, frei, ausführlich, schlüpfrig, umfassend, weitreichend, ausufernd, unbeschränkt, beträchtlich, sich mit Details befassen
Laroone: Dieb, aus dem Französischen: larron
Lass-lorn: Von seiner Geliebten, Herrin, Lehrerin verlassen, ins Unglück gestürzt
Latch: Klinke, Drücker einer Tür, aufnehmen, erreichen, einfügen
Latched: Belecken, benetzen, bespritzen
Late: Spät, unangemessen spät, jetzt, jüngst, vor kurzem, früher, seit dieser Zeit, nach der vereinbarten Zeit, einst, verstorben
Lated: Von der Nachtdämmerung eingeholt, verspätet
Latten: Minderwertige Klinge aus dünnem, weicherem Gelbguß (Messing)
Laund: Rasen. Eigentlich lawn. Waldlichtung, unbeackerter Boden
Laura: Addressatin von Petrarcas Liebesgedichten
Lavolt, Lavolta: Alter Tanz für zwei Personen mit lebhaften Sprüngen
Lawn: Feines, geblechtes Leinen. Wohl abgeleitet von der Herstellungsweise. Das versponnene und gewebte Rohleinen wurde zum Bleichen der Fasern mit Wasser benetzt und auf Rasenflächen dem Sonnelicht ausgesetzt
Lay: Jemand, der wettet, Laien, Lied, Wette, hinlegen, beerdigen, senken, wetten, herunterschlagen, von Oben nach Unten kehren, am Aufsteigen hindern, sein Bestes geben, eine Falle stellen, planen, erfinden, gründen, benutzen, verleiten, zerstören, beschwören, bannen, beschränken, einsperren, ordnen, plazieren, aufbewahren, eine Falle stellen, planen, erfinden, anwenden, verwenden, auf Spiel setzen, verwetten, auftragen, färben, anmalen, das Beste aus sich herausholen, Geld ausgeben, für jemanden die Rechnung bezahlen, büßen, lügen, aufs Spiel setzen, auftragen, färben, anmalen, Geld versprechen, ausgeben, leihen
Lazarus in the painted cloth: Wandbehang, Tapete mit der Darstellung des biblischen Gleichnisses des armen Lazarus, welcher bedeckt mit Geschwüren vor der Tür eines Reichen lag, und sich von den Abfällen seiner Tafel sättigen wollte. Nach dem Tode wird er von Engeln in Abrahams Schoß getragen
Lazy fingers: Volkstümlicher Glauben, daß in den müßigen Fingern der Mädchen Würmer entstünden
Leaguer: Zeltlager, Feldlager
Leander: Leandros verliebt in Hero, eine Priesterin der Aphrodite in Sestos. Jede Nacht durchschwamm er den Hellespont geleitet von Heros Lampe. Ein Sturm blies die Lampe aus, Leandros verirrte sich und ertrank. Hero stürzte sich daraufhin ins Meer
Leasing: Falschheit, verlogen
Leather-coats: Pelzapfel, grünlicher Winterapfel mit braunen Punkten und Streifen
Leave: Erlaubnis, freies Geleit, Entschuldigung, Abschied, Freiheit, Abschiedszeremonie, Erinnerungsstück, etwas mit jemandem teilen, weggeben, verlassen, aufgeben, in Stich lassen, desertieren, sterben, aufsparen, sich ergeben, anvertrauen, unterlassen, verzichten, unterbrechen, teilen, entsagen, preisgeben, überlassen, aufgeben, sein lassen, leiden, sterben, trennen
Leech: Blutegel, gemeint ist jedoch ein Arzt. Eigentlich bedeutet der Begriff neben Blutegel auch Tierarzt
Leer: Liebevoller, lächelnder Blick, Aussehen, Teint, dümmliches, selbstgefälliges Lächeln, lächeln
Leet: Hof eines Rittergutes, Gerichtshoheit eines Gutsherren, alter englischer Gerichtshof für Angelegenheiten der freiwilligen Gerichtsbarkeit, der Verwaltung, des Familienrechtes, etc. , leet and law days (Gerichtstage)
Legerity: Behändigkeit, Leichtigkeit, Eifer, Bereitwilligkeit
Lege: Behaupten, annehmen, geltend machen
Lei(d)ger: Gesandter, Botschafter
Leman: Geliebte, Liebhaber, Ehebrecherin, Ehebrecher, Hausfreund. Eigentlich le`man oder auch le`mman. Abstammend vom altenglischen leofman
Lent(en): Fastenspeise, Fastenzeit vor Ostern, kurz, spärlich, dürftig, bescheiden, mager

L`envoy: Einem Gedichte zugefügte Zeilen, Schlußfolgerung, Moral der Geschichte
Leperous-distilment: Lepra verursachende Körperausscheidungen
Let: Hindernis, (ver)hindern, sich enthalten, leiden, bleiben lassen, machen, abhalten, preisgeben, unterlassen, aufgeben, beenden, aufhören, stoppen, vermieten, verpachten, verleihen
Lethe: Fluß der Unterwelt der griechischen Mythologie. Die Verstorbenen tranken aus ihm die Vergessenheit des Erdenlebens, Sinnbild des Todes
Leven: Kurzform von eleven = elf
Leviathan: Großer Wal (Walhai?), nicht zu verwechseln mit dem Buch Leviathan von Thomas Hobbes von 1651
Lewd: Böse, schlecht, schlimm, müßig, nutzlos, ausschweifend, liederlich, gierig, gemein, abscheulich, niedrig, verdorben, bösartig
Libbard: Leopard
Liberal: Frei, (sexuell) freizügig, freigiebig, großzügig, höflich, geschmackvoll, gerecht, unkeusch, menschlich, weit, groß, reichlich
Liberty: (politische) Freiheit, Unabhängigkeit, Ungebundenheit, Zügellosigkeit, Sittenlosigkeit
Licence: Erlaubnis, Anerkenntnis, Vorrecht, Zügellosigkeit, sexuelle Freizügigkeit, Sittenlosigkeit, erlauben, gestatten
Lichas: Brachte dem Herkules das vergiftete Nesselhemd (gefärbt mit dem Blute des Zentauren,), das Herkules vergiftet? Herkules schleudert Lichas ins Meer und läßt für sich selbst einen Scheiterhaufen errichten und verbrennt sich selbst um sich von den Qualen des Nesselhemdes zu befreien
Lictor: Lictores, ein freigelassener Römer, als Amtsdiener der Priester und Magistrate. Vollzogen die Körper- und Todesstrafen bei der Kapitalgerichtsarkeit
Lie: Lüge, lügen, liegen, im Bett ruhen, die Nacht verbringen, Geschlechtsverkehr haben, tot sein, niedergestreckt werden, gefangen genommen, inhaftiert, eingekerkert sein, krank sein, im Kindbett liegen, hinlegen, sich ausruhen, zur Ruhe kommen, beruhigen, plazieren, verweilen, auf einem militärischen (Wach-) Posten sein, auf einem Stützpunkt kaserniert sein, in einem Biwak, Zeltlager leben, umlagert sein, eingeschlossen sein, ansässig sein, wohnen, niedergelassen, eingesetzt, stationiert, getrennt bleiben, eine Abwehrhaltung einnehmen, an einem Orte vorfinden, in einem Zustande vorfinden, abhängig sein, wiegen, drücken
Liefest: Liebster, teuerster, verehrtester, würdigster
Liege: (Ober)Lehnsherr, Fürst, Herrscher
Liegeman: Lehensnehmer, Untertan, Vasall
Lieger: Botschafter, Gesandter
Lieu: Als Gegenleistung, Zug um Zug
Lifter: Dieb, Betrüger, Schwindler, Räuber
Light o`love: Melodie eines Tanzes
Lightly: Gewöhnlich, allgemein, unentschieden, leicht, niedrig, bereit, einfach, heiter, leichtfertig
Lightness: (Sexuelle) Leichtfertigkeit, Leichtigkeit, Geistesschwäche, Mangel an Gewicht
Like: Vergleichen, gleich, ähnlich, gestimmt, wahrscheinlich, wie, im Begriff zu, von gleicher Güte, Wert, eine ähnliche Sache, ähneln, in gleicher Art und Weise, sich gleichen, erfreut sein, gefallen, mögen, aussehen, erscheinen
Likelihood: Chance, Wahrscheinlichkeit, Anzeichen, Indizien
Likeness: Ähnlichkeit, Anschein
Liking: Der (Gesundheits-, Fitness-) Zustand des Körpers, Liebe, Gunst, Gefallen, Neigung, erfreut, zufrieden
Lily-livered: Eine Leber so weiß wie die Blüte der Madonnenlilie, d. h. feige, blutarm
Limander: Leander, der Geliebte der Hero, *siehe bei Leander*
Limbeck: Gefäß, das zum Destillieren benutzt wird
Limbo parium: In Haft, im Gefängnis, im Kerker, unter Verschluß. Gemeint ist Limbo patrum. Ein Ort der Vergessenen, der Wertlosen. Ein Ort am Rande der Hölle, wo die Seelen der rechtschaffenden Menschen, die vor Jesus Christus starben, auf das Jüngste Gericht warten. Im Alten Testament ist es die Vorhölle, die Hades-Höhle. Eine der drei mystischen Höhlen, die in den Apokryphen (frühchristlichen und, bzw. spätjüdischen Schriften) genannt werden
Lims of Limehouse: Puritanische Gemeinde in London
Lime: Zitronensaft, Vogelleim, Falle, Schlinge, Beute, Mörtel, gebrannter Kalk, Wein mit Zitronensaft mischen (verfälschen), Leim zum Vogelfange, mit Vogelleim bestreichen, Vogelleim hinzufügen, mit Vogelleim einfangen, kitten, kleben, jemandem auf den Leim gehen, gefangen werden, jemanden verwirren, jemanden um den Finger wickeln
Limehouse: Uferbereich der Themse, an dem sich viele Kalkbrennöfen befanden, in denen Kalk aus Kent gebrannt wurde, um ihn als Baustoff zu nutzen. Vorstadt östlich von London
Limit: Die verabredete Zeit, Grenze, Frist, Gebiet, Bereich, ausdehnen, reichen, beschränken, ernennen, festsetzen, fixieren, binden, fesseln, einsperren, erstrecken, Zeit der Erholung nach einem Wochenbette?
Line: Kleidung, Linie, Strick, dünner Faden, Bewegungsfreiheit, Regel, Methode, Prinzip, Gesichtszug, Äquator, Datei, Rang, Reihe, Abstammung, Stammbaum, Familie, Laune, Vers, Zeile, Text, Brief, zeichnen, malen, umschreiben, erklären, entwerfen, füttern, nähren, füllen, ausstopfen, stärken, schützen, befestigen
Link: Pechfackel, Kette, sich verbinden, festhalten, binden
Linstock: Fassung eines Zündstabes, Luntenstockes, Ladestockes für eine Pistole, Gewehr, Kanone

List: Beschränkung, Begrenzung, Rand, Grenze, Leiste, Saum, Bindung, Kampfplatz, Ring, Auflistung, Neigung, Verlangen, Ziel, Arena, Leidenschaft, wählen, beobachten, die Ohren spitzen, gefallen finden, hören, horchen, lauschen

Lither: Nachgiebig, beweglich, weich

Little: Klein, kurz, gering, dünn, dumm, kurzweilig, im Kleinen, wenig, vernachlässigbar

Livelihood: Lebendigkeit, Lebhaftigkeit, Geist

Liver-vain, liver-vein: Liebeskranker, unglücklich Verliebter, Liebesschmerz, der nach damaliger Vorstellung der Leber entspringt

Livery: Aussehen, Uniform, Kleidung, Rangabzeichen, Livrée eines Dieners. Rechtsbegriff für den Feudalbesitz und die damit verbundenen Pflichten (Allodium, Lehen?, ein Lehen als Erbteil zugesprochen bekommen), sofern der Erbe noch minderjährig war. In diesem Falle agierte die englische Krone als Vormund des Erben. Eigentliche Bedeutung Übergabe

Living: Geist, Lebhaftigkeit, Leben, Lebendigkeit, Glück, Unterhalt, Besitz

Lô: Saint Lô, Normandie, Nordfrankreich

Loach: Kleiner Süßwasserfisch aus der Familie der Karpfen (Schmerle, Grundel)

Lob: Lümmel, Tölpel

Lockram: Grobes, billiges Leinen, billiger grober Stoff aus Lokrenan, Lokeren (Belgien)

Lode-star: Polarstern, Leitstern

Lodge: Hütte, Laube, mit einer Wohnung ausstatten, schreiben, abfassen, beherbergen, niederlassen, ansiedeln, festsetzen, seine Zelte aufschlagen, vom Winde niedergelegt, runter gefegt

Loffe: Lachen

Loggats, loggets: Spiel mit kleinen Holzteilen die nach einer Stange geworfen werden, und so nah wie möglich an der Stange zum Liegen kommen sollen. Durch Heinrich VIII wurde dieses Spiel verboten

London stone: Antike, römische Landmarke in der Cannon Street, London

Long: Wunsch, Sehnsucht, Verlangen, Appetit haben, Verlangen nach Nahrung, hungrig sein, unstillbarer Hunger einer Schwangeren oder eines Kranken, lang, lange, ersehen, herbeisehnen, wünschen, verlangen, launenhaft sein, dazu gehören, wollen, fordern, zärtlich sein

Loof: Ein Schiff in den Wind drehen

Loon: Trauriger, gemeiner Kerl, brutaler Lümmel

Lop: Zweige, Äste, entzweigen, entasten, kürzen, abschneiden

Lot: Los, Abgabe, Steuer, Tribut, Schicksal, Verhängnis

Lottery: Lotterie, Zuteilung, Gewinn, Prämie, Siegerpreis

Lover: Geliebte, Freund, Liebhaber, Liebespaar

Love-day: Friedenstag, Feuerpause, Waffenstillstand

Love-in-idleness: Stiefmütterchen (Viola tricolor)

Love-suit: Liebeswerbung, Minnedienst

Lown: Gemeiner Bursche

Lozel: Feiger Kamerad, Kumpel

Lubbar: Leopard, Tölpel, schwerfälliger Mensch

Lucina: Römische Gottheit der Geburt, Lichtgott

Lucrece, Lucretia: Ein Name, römische Heldin, die sich nach einer Vergewaltigung durch Sextus Tarquinius Callatius selbst tötete, und damit das Königstum stürzte

Lud`s town: Alte Bezeichnung für London

Lumberd Street: Lombard Street, Londoner Handelsstraße

Lunes: Mondsüchtige, geisteskranke Einfälle, Launen

Lupercal: Lupercalia, ein Sühnen und Reinigungsfest zu Ehren des Gottes Pan, am 15. Februar

Lurch: Berauben, entziehen, stehlen, auflauern

Lure: Lockruf, gestopftes Lockmittel für einen Falken, künstlicher Lockvogel für die Falkenjagd, anlocken

Lush: Saftig, fruchtig, frisch

Lustick: Lustig, angenehm, freudig

Lusty: Lebhaft, kraftvoll, strotzend, wuchernd, voller Saft, frisch, lustig, fröhlich, stattlich, tapfer, ritterlich

Luxurious: Schlüpfrig, lüstern, unkeusch, wollüstig

Luxuriously: Lebensfreudig, vital, aufbegehrend, verspielt, verschwenderisch, verwöhnt, gierig, lasziv, schlüpfrig

Luxury: Lust, Freude, Begierde, Gier, Wollust

Lycurgus: Lykurgos, spartanischer Gesetzgeber 884 v. Chr.. Galt seit dem fünften Jahrhundert vor Chr. als mythischer Gesetzgeber Spartas. Eigentlich eine Lichtgottheit

Lym: Bluthund, der vollkommen stur der Schweiß- (Blut-) Fährte des Hirschen (des Wildes) folgt

Lynn: King`s Lynn, Hafen in Norfolk, Ostengland

M

Mace: Zepter, Metallstange, Stock eines Gerichtsdieners, um jemanden zu verhaften, Muskatnußblüte (Macis)
Machiavel: Niccolo Machiavelli 3.5.1469 - 22.6.1527, italienischer Politiker, Beispiel für Cleverness, Schlauheit, Hinterlist, Rücksichtslosigkeit, etc.
Magot-pie: Elster. Eigentlich magpie
Magnifico: Herrscher von Venedig, vornehmer, edler Herr, Patrizier
Mahomet: Mohammed, Muhammad = viel gepriesen, 570 - 8.6.632, Gründer des Islam. Mahomet inspired with a dove (Mohammed soll einer dressierten Taube beigebracht haben aus seinen Ohren Weizenkörner zu picken, um damit die Araber zu täuschen, und ihnen einzureden der Heilige Geist spräche durch diese Taube zu ihm)
Mahu: Biblischer Teufel
Mailed: Eingepackt, in einer Rüstung steckend, vollkommen bedeckt mit der Rüstung
Malkin: Küchenhilfe, Küchenmagd
Mall: Verkleinerungsform von Mary
Mallecho, mallico, malicho: Unheil, Schaden, Unfug, Übermut. Der Begriff ist offensichtlich dem Spanischen entlehnt. Dort bedeutet *mal hecho* schlecht gemacht oder ausgeführt, mit böser oder niedriger Absicht gemacht.
Malt-worm: Trinker, Säufer aus Gewohnheit
Mammering: Zögern, Bedenken tragen
Mammet: Puppe, Figur
Mammock: Etwas in Stücke schneiden, reißen, zerfetzen
Man: Name einer Insel (Isle of Man), Mensch, Mann, Ritter, Krieger, Diener, Kriegsschiff, bemannen, beschützen, besetzen, zähmen, an Menschen gewöhnen, mit Bediensteten ausstatten, beschäftigen, zeigen
Manage: Übung, Reitkunst, Führung, Leitung, Verwaltung, Verfahren, Verlauf, Vorkommnisse, handhaben, üben, regieren, kontrollieren, verwalten, behandeln, erfinden, planen
Mandragora: Schlafmittel, das aus der Alraunenwurzel (Mandrake) gewonnen wurde
Mandrake: Wurzel, die einem Menschen ähnlich sieht, Alraune aus dem Mittelmeergebiet, wirkt einschläfernd, betäubend. Es gibt eine frühjahrsblühende und eine herbstblühende Unterart (Mandragora officinales, Heilpflanze). Man glaubte die Alraune rege gute und schlechte Wünsche in den Menschen. Die Alraune sollte geschlechtlich anregen und fruchtbar machen. Als Heilmittel wurde sie gegen Depression, Hautflecken, Wundrose und Gicht eingesetzt. Zudem als Betäubung bei Amputationen. Man glaubte wer die Wurzel aus der Erde zöge werde verrückt bzw. müsse sterben
Mankind: Menschheit, Männer, männlich, mannhaft, gewalttätig, grausam
Marcellus: Marseille, Südfrankreich
Marches: Grenzen, Beschränkungen, Grenzland
Marchpane: Marzipan
Marmoset: Äffchen, kleiner Affe
Marshalsea: Schuldgefängnis in Southwark, London
Martlemas: 11. November, Mensch dessen Leben sich dem Ende zuneigt, das letzte Aufbäumen des Lebens, das Ende des bäuerlichen Wirtschaftsjahres, Zins und Zahltag. Dienstboten und Gesinde wurden zu diesem Termin angestellt und entlassen
Master-mistress: Busenfreund, Geliebter
Match: Handel, Geschäft, Zweikampf, Paar, Vorbereitung einer Ehe, Spiel mit zwei Spielern, Treffen von zwei Köpfen, Übereinkunft, Gleichheit, gleiches Maß, verpaaren, heiraten, treffen, vergleichen, einordnen, wetten, handeln, wetteifern, im Kampf mit einem ebenbürtigen Gegner, verheiraten, fertig werden mit, passen
Mate: Deckoffizier, Begleiter, Gefährte, Ehepartner, Ausdruck der Verachtung, des Vertrautseins mit einem Gefährten, treffen, heiraten, fertig werden mit, sich messen mit, lähmen, verhindern, behindern, verwirren
May-day: 1. Mai, ein alter Festtag, ein Fest zu Ehren des keltischen Lichtgottes (Sonnenfeuers) Beltaine, Beltaim, Beltane
Maz(z)ard: Verachtungsvoller Ausdruck für einen Kopf , Schädel. Eigentlich ein Trinkgefäß
Meacock: Geistlos, feige, schwach, pantoffelheldisch
Mealed: Beschmutzen
Mean: Möglichkeit, Vorbereitung, Tenor beim Gesange, die Mitte, Mittelmäßigkeit, Mittel zum Zwecke, Macht, Reichtum, Gelegenheit, Art und Weise, klagen, stöhnen, meinen, im Sinn haben, denken, bedeuten, bezwecken, aussprechen, gedenken, anzeigen, hindeuten, beabsichtigen, alltäglich, niedrig, unbedeutend, arm, durch, von
Measure: Menge, Maß, Grad, Versmaß, Takt, stattlicher, würdevoller, feierlicher, ernster Tanz, würdevolle Bewegung, Mittel, messen, beurteilen, bemerken, bedeuten, denken, urteilen, tanzen, erreichen, erstrecken
Meazels: Leprakranke, Aussätzige
Mechanic(al): Handwerker, Arbeiter, Tagelöhner, Geselle, Gehilfe, Handlanger, Stümper, Handwerkerstand, Arbeiterklasse, gewöhnlich, kleinbürgerlich, sich abplagend
Medal, medul(l): Medaillion
Medea: Medeia, Tochter des Königs (Aietes) von Kolchis, sie verhalf Jason das goldene Vließ zu erringen, den Schatz ihres Vaters. Sie flieht an Bord eines Schiffes mit Jason und kehrt in seine Heimat zurück. Mit einem Zaubertrank verjüngt sie Jasons Vater (Argonautensaga)
Medicine: Medizin, Heilmittel, Gift, Arzt, heilen
Medlar: Mispel, deren Früchte eßbar sind und zum Beispiel für Appelwoi genutzt werden. Nicht zu verwechseln mit der Mistel, dem Schmarotzer auf Bäumen, einer Heilpflanze
Meed: Belohnung, Verdienst, Lohn, Wert, Ehrung, Ersatz, Miete

Meet: Zu einer Versammlung stoßen, anwesend sein, zusammenkommen, erfahren, finden, bekommen, erzielen, (sich) treffen, erscheinen, da sein, sich einfinden, auf einander zugehen, erscheinen, geeignet, passend, gut, anständig, ausgeglichen, befreit, begegnen, sich von Angesicht zu Angesicht gegenüber stehen, sich feindlich gegenübertreten, sich anschließen, zusammen kommen
Meiny: Anhänger, Gefolge
Mell: Sich einmischen, zu tun haben mit
Memory: Gedächnis, Andenken, Erinnerungskraft, Bewahren von Ideen, Erinnerungen, Erfahrungen, was einen sich erinnern läßt
Mephistophilus: Name eines Geistes, der schlechte Geist der Faustussage und bei den Theaterstücken Marlows
Mercatante: Kaufmann, Händler, Makler
Mere: Genau, rein, bloß, absolut, ganz, vollständig
Mered: Einzig, ganz
Merops: Betrogener Ehemann von Klymenes. Sie gebar Helios` Sohn Phaethon
Messaline: Mytilene, Lesbos wurde seit dem Mittelalter Mytilene genannt. Mytilene ist der Hauptort auf Lesbos
Mess: Masse, Speise, kleine Menge, kleines Stück, Tafelgesellschaft, eine Gruppe von vier Personen, niedriger gestellte Personen am Hofe, eine Gruppe Menschen die gemeinsam ißt
Metal, mettle: Metall, Materie, Stoff, Wesen, Charakter, Launen, Mut, Unternehmungslust, Eifer, Temperament
Metaphysikal: Übernatürlich
Mete-yard: Längenmaß, Maßstab
Mew: Eingesperrt, eingeschlossen, Begriff der Falknerei, schweigen, miauen, die Laute einer Katze nachahmen, einengen, aufhören, beschränken
Michaelmas: 29.September
Micher: Drückeberger, Schulschwänzer
Miching: Im Geheimen Schaden verursachen
Midas: König von Phrygien um 700 v. Chr. Bekannt ist Midas durch eine Geschichte bei Ovids Metamorphosen. Midas führt den Dionysos den Silen wieder zu. Daraufhin gewährt Dionysos dem Midas einen Wunsch. Midas erbat sich, daß alles was er berühre sich in Gold verwandele. Als Midas erkannte, daß auch sein Essen und Trinken in Gold verwandelt wurden, flehte er Dionysos um Hilfe an. Dieser ließ ihn im Paktolos baden, welcher seitdem Goldpartike führen soll
Mien: Gesichtszüge, Charakter, Miene
Mile-end (green): Militärübungslager der Bürgerwehr, Miliz, Schützengilde in East End, London
Milk-livered: Feige, Milch statt Blut in der Leber habend. Die Leber galt als Sitz der Leidenschaften
Mill-sixpence: Sixpencemünze aus einer Prägeanstalt
Milo: Milon von Kroton, Phythagoreer und Ringkämpfer von sprichwörtlicher Körperkraft, siegte von 532 - 512 v. Chr. sechs mal in Olympia
Mince: Stolzieren, mit Anmut, Grazie gehen, beschönigen, vorspiegeln, zerschneiden, zerkleinern
Mind: Seele, Gedächnis, Geist, Empfindung, Meinung, Ansicht, Gefühl, Gedanken, Erinnerung, Auffassung, Wille, Verlangen, Wunsch, Zweck, in Erinnerung rufen, erinnern, daran denken, meinen, beachten, sich kümmern um, Interesse zeigen an, beabsichtigen, bestimmen
Mineral: Mine, Erzlager, Salzstock, Bergwerk, Grube, mineralisches Gift (Arsen ?), Versteinerungen als Gift
Minerva: Römische Gottheit der Weisheit, des Handwerks, des Kunsthandwerks, des Handels
Minion: Liebling, Geliebte, umschmeichelter Mensch, Flittchen, Freundin, Playgirl, Partyluder
Minnow: Kleiner Süßwasserfisch (Elritze), ein junger Fisch, Ausdruck der Verachtung
Minstrelsy: Bühne eines von Hof zu Hof ziehendes Sängers, Spielmanns, eines Musikers, Musik
Misconceived: Mißverstandene, falsch verstandene, sich irrende Menschen, fehlurteilende Menschen
Miscreate: Illegitim, im Widerspruch zum Gesetze stehend, nicht dem allgemeinen Gebrauche entsprechend, unehelicher Nachkomme (Bastard), gefälscht, unecht
Misdoubt: Verdächtigen, vermuten, befürchten, mißtrauen
Misery: Schmerz, Elend, Not, Nöte, etwas Verachtenswertes
Mispris, misprize: Mißverstanden, verwechselt, sich geirrt, verachten, herabsetzen, unterschätzen, geringschätzig behandeln
Missive: Überbringer einer Nachricht, Botschafter
Mistake: Sich irren, falsch verstehen, einen Fehler machen, etwas oder jemanden verwechseln, etwas falsch beurteilen, mißdeuten, kränken
Mistempered: Zu einem bösen Ende führend, schlecht gelaunt, erschwert, verwirrt
Misthink: Falsch, schlecht denken, beurteilen, für schuldig halten
Mistress: Herrin, Befehlshaberin, Besitzerin, eine Frau die geliebt wird, und der der Hof gemacht wird, Lehrerin, Dame, Anredeform: gnädige . . . , auch als Ausdruck der Verachtung, Zielfigur beim Bowling
Mobled: Verschleiert, eingewickelt, vermummt
Mode: Stimmung, Verhältnisse
Model: Repräsentant, Kopie, Modell, Plan, Umriß, Aufriß, Beispiel
Modern: Gewöhnlich, mittelmäßig, nett anzusehen, billig, gemein, alltäglich
Modesty: Anstand, Mäßigung, Sittsamkeit, Wohl-wollen, Freundlichkeit, Zurückhaltung, Keuschheit
Modo: Biblischer Teufel
Module: Muster, Modell, Form ohne Inhalt, Substanz, Schein statt Sein
Mo(e): Mehr, mehreren, vielen

Moiety: Portion, Hälfte, Teil
Moist star: Mond
Mollification: Befriedigung, Besänftigung
Mome: Dumpfer, langweiliger, trüber, blöder, Dummkopf, Blödmann, Idiot, etc., etc.
Momentany: In diesem Moment, für kurze Zeit, augenblicklich, sofort
Monarcho: Spitzname eines geisteskranken Italieners des 16. Jahrhunderts, der sich für den König der Welt hielt
Monmouth cap: Der Geburtsort Heinrich V, in Wales, war berühmt für die Herstellung von Mützen, welche häufig auch von Soldaten getragen wurden
Montant: Lufthieb beim Fechten
Month to bleed: Aderlässe waren eine der beliebtesten ärztlichen Handlungen. Im Kalender waren die besten Zeitpunkte eingetragen, an denen auch Gesunde zur Ader gelassen werden sollten
Month`s mind to: Ein starkes Verlangen, ein Sehnen nach. Ursprünglich war mit dieser Formulierung die Trauer, religiöse Feier, Messe, etc. der Verbliebenen dem Erblasser gegenüber gemeint. Häufig setzte der Erblasser hierfür eine Frist von einem Monat, sie konnte aber auch länger oder kürzer sein
Mood: Benehmen, Sitte, Leidenschaften, Humor, Neigung, Wesen, Aussehen, Wahnsinn, Kummer, Gefühle, Art und Weise, Stimmung
Moody: Schwermütig, ärgerlich, verdrossen, mürrisch, düster, unzufrieden, gereizt
Moon-calf: Eine unbelebte, leblose, langweilige, geistlose, formlose Masse, Mißgeburt
Moonish: Veränderlich, launenhaft, unbeständig
Moorditch: Verschmutzter Graben des Moorfields zwischen Bishopsgate und Cripplegate, London
Moorfields: Militärisches Übungslager in der Nähe von Moorgate, London
Mope: Dumm erscheinen, aussehen, gedankenlos, kopflos, unbedacht, achtlos, unkonzentriert
Moral: Doktrine, Maxime, geheime Bedeutung einer Sache, Quintessenz, Grundsatz, eine verborgene Bedeutung in sich tragend, moralisch, ethisch, moralisieren
Morisco: Maure, Mohr, Tanz mit Kostümen, Masken (Verkleidungen z. B.: Robin Hood, etc.) , Maskentanz
Morris-pike: Maurischer Spieß, Waffe
Mortal-staring: Verhängnisvoll, grimmig starrender Mensch, todesstarr
Mortar-piece: Mörser, Kanone
Mortify: Desensibilisieren, abtöten, abstumpfen, die Lebenskraft rauben
Most: Das Größte, Großartigste, Längste, Höchste, Meiste, größte Anzahl, im höchsten Maße
Mot(t): Leitspruch, Motto, Motti auf einer Schriftrolle
Motion: Veränderung, Gang(art), Bewegung, Regung, Stimmen eines Musikinstrumentes, Anregung, Trieb, Neigung, Vorstellung, Sinn, Bitte, Gesuch, Wahrnehmung, Angebot, Vorschlag, Puppe, Puppentheater, vorschlagen, raten, beraten
Motive: Ursache, Autor, Werkzeug, Beweggrund
Mould: Urform, Körper, Rahmen, Abguß, Form, Substanz, aus Erde geformt, modellieren, formen, zeugen, schaffen, zusammensetzen
Mouse: Ausdruck der Zuneigung, Maus, Mausjagd, zerreißen, zerfleischen
Mouse-hunt: Schürzenjäger
Mountebank: Quacksalber, Marktschreier, Schwindler, Wucherer, Prahler, betrügen, hinterlistig zu etwas verleiten
Mow: Fratze, Grimasse, Grimassen schneiden, etwas abmähen
Moy: Münze, Maß für Getreide (Scheffel, 36,37 Liter oder über 100 Liter?) ich, mir, mich (aus dem französischen moi)
Much: Menge, viel, im hohen Grade, fast, ziemlich, groß, sehr
Muck-water: Scherzhafter Ausdruck, Hochstapler, der sich auf die Urin-Diagnose verläßt
Muffler: Schleier, Kleidungsstück für die untere Gesichtshälfte, Schal, Augenbinde
Mulete(e)r: Maultierreiter. Auf einem Maultiere zu reiten ist wesentlich unbequemer und langsamer, als auf einem Pferde zu reiten. Nur wer sich ein Pferd nicht leisten kann, wird auf einem Maultiere reiten. Ein Maultier ist eine Kreuzung zwischen Pferd und Esel
Mulled: Leblos, feige, temperamentlos, verweichlicht, entmutigt, abgestumpft
Mulmutius: Britischer König der Frühzeit
Multiply: Vervielfältigen, multiplizieren, verlängern, vergrößern, aufziehen, vermehren
Multitudinous: Menge, Masse, Stimme des Volkes, unzählbar, endlos
Mummy: Alkoholischer Auszug von einer ägyptischen Mumie (bis in die Neuzeit wurde geriebene Mumie als Bestandteil von Medikamenten verwendet), Zaubermittel, Leiche, Kadaver, Aas
Mundane: Weltlich, irdisch
Mure: Mauer, Wand
Murky: Dunkel, düster
Murrain: Milzbrant, Rinderpest, jemandem die Pest an den Hals wünschen
Muse: Bezaubern, bewundern, sich wundern, grübeln. Göttin der Poesie, eine der neun Musen. Zauber der Poesie
Muss: Wie ein Bittsteller, Jemand, der auf allen Vieren herumkriecht, sich balgen, raufen
Mutine: Rebell, Revolutionär, sich erheben, eine Meuterei beginnen
Mutines of Jerusalem: Die Aufständischen in dem von Titus belagerten Jerusalem teilten sich in drei Gruppen. Zu einem gemeinschaftlichen Ausbruch durch die römische Belagerung schlossen sie sich trotzdem zusammen
Myrmidon: Krieger aus Thessalien, zogen mit Achill in den Trojanischen Krieg

N

Napkin: Taschentuch, Serviette
Napless: Verschlissen, verbraucht, wertlos, schäbig, fadenscheinig, abgedroschen, abgenutzt
Nature: Natur, unwillkürliche Regungen des Herzens, Körper und Geist, Charakter, Güte, Sorte, Art, Leben
Nay-word: Losungswort, Paßwort, Parole, Codewort
Neat: Rinder, Rinds…, hübsch, nett, adrett, fein, herausgeputzt, dandyhaft, (über-) freundlich, höflich, anspruchsvoll, schmuck, geschniegelt, wählerisch gekleidet
Neb: Schnabel
Neeld: Nadel
Neif, naif: Faust
Nemean Lion: Nemesischer Löwe, ein als unverwundbar angesehener monströser Löwe, von Herkules getötet
Nephew: Enkel, Vetter, Neffe, ein direkter Nachfahre der nächsten Generation
Nereides: Nereus ist ein Meergeist, seine Töchter sind die Meeresnymphen. Sie leben in der Tiefe der See und können weissagen
Nervii: Nervier, ein keltisch-germanischer Stamm, lebten im Raum Belgien zwischen Bavai und Cambrai
Nessus: Der Zentauer Nessus versucht Deianeira, die Schwester des Meleager, zu vergewaltigen und wird dabei von Herkules getötet. Sein Blut wird vor Deianeisa als Liebesmittel gesammelt. Als sich Herkules in Iole verliebt färbt Deianeira mit dem Blute des Nessus ein Gewand für Herkules. Als Herkules es anzieht, zerfrißt es seinen Körper. Um diesen Schmerzen zu entkommen verbrannte er sich selbst auf einem Scheiterhaufen
Nestor: Trojanischer Heerführer, bekannt für sein Alter, Ernsthaftigkeit und seine Weisheit
Nether-stocks: (Knie-) Strümpfe, Socken
Newgate: Hauptgefängnis, Zuchthaus von London in der Nähe von Cheapside
Newgate-fashion: Wie aneinander gefesselte, gekettete Gefangene
Newt: Eidechse
Next: Der Nächste, cer Folgende, beim nächsten Male, nächst, nächstens, unmittelbar folgend, am nächsten, danach, unmittelbar, bei nächster Gelegenheit, Möglichkeit, zweiter, nach
Nib: Mund
Nibbler: Kostverächter, wählerischer Mensch, jemand, der nicht essen mag, der nur kleine Portionen ißt, nippt
Nice: Klein, fein, elegant, zärtlich, lecker, zart, genau, ordentlich, kritisch, spröde, prüde,launenhaft, verweichlicht
Nick: Kurzform von Nicolas, einkerben, zerschnipseln, abkürzen, im richtigen Augenblick, über alle Maßen
Nighted: Verdunkelt, abgedunkelt wie die Nacht, nachtschwarz
Night-rule: Ausgelassenheit, Verspieltheit einer Nacht
Night-shriek: Schrei voller Seelenqual, Leiden, etc. während der Nacht
Night-taper: Nachtkerze, Nachtlicht
Night-tripping: Während der Schlafenszeit vorsichtig, leise, wie ein Tänzer tippeln, schreiten, auf den Zehenspitzen gehen
Nill: Will nicht
Nine men`s morris: Ein Spiel, möglicherweise Himmel und Hölle. Dessen Ursprung möglicherweise im Sonnenkult der Vorzeit zu suchen wäre (Trojaburgen). Oder in dem Kranichtanze (geranos) von Delos, zuerst aufgeführt von Theseus und Ariadne. Maurentanz, Tanz mit Kostümen (Morris-dance), Mohrentanz, ein in England beliebter Frühlingstanz mit hölzernen oder steinernen Spielfiguren im Mai (zu Pfingsten) aufgeführt. Mit kostümierten Figuren z. B. Robin Hood, Maid Marian (Sonnenbringer), Steckenpferdreiter (Hobbyhorse) mit Mohr, Drachen und Drachentöter (Snapdragon), etc. sowie Tänzern mit geschwärzten Gesichtern
Ninus: Assyrischer Gründer von Ninive und des assyrischen Reiches. Erfolgreicher Feldherr und Eroberer, Held antiker Romane
Nobility: Vornehmheit, Güte, Größe, Adel, hoher Rang, hoch aufgestiegen
Noble: Goldmünze zu sechs Schilling und acht Pence, Edelmann, großzügig, erhaben, würdevoll, hervorragend, von edler Abstammung, veredeln
Nobless, nobleness: Vornehmheit, Adel, Erhabenheit, Großzügigkeit, von hohem Range
Noddy: Narr, Tölpel, Tolpatsch
Nonce: Für den Fall, sofern erforderlich
Non-suit: Klageaufgabe, Zurückweisen. Unzulässigkeit, Abweisung, Versäumnis
Nook-shotten: Mit reichlich Vorsprüngen und Einbuchtungen ausgestattet (Landschaft, Küstenlinie)
Noontide-prick: 12°° Uhr auf dem Ziffernblatt, Mittag
Northern-man: Dummkopf, Tölpel, Trottel, Tolpatsch
Not(t)-pated: Rundköpfig mit geschorenen Haaren, Dummkopf
Nouzle, nousle: Nähren, stillen, füttern, tränken, aufziehen großziehen, pflegen, sich um jemanden kümmern
Novum: Novem quinque, ein Würfelspiel
Nowl nole, noll: Kopf
Numa: Numa Pompilius, zweiter römischer König, 715 - 672 v. Chr., Schöpfer des römischen Staatskultes
Nurture: Menschlichkeit, Herkunft, Ausbildung, Schulbildung, Unterricht, Erziehung
Nuthook: Mittelalterliche Waffe, Stange mit Halterung, Griff zum Einfangen einer Person ohne sich dieser auf Armlänge nähern zu müssen, Stange um Nüsse aus den Bäumen zu schlagen, eine entehrende Körperstrafe etwa unserem Staupenschlage entsprechend, Spitzname für einen Polizisten oder Gerichtsdiener, Jemand der in Schuldhaft sitzt, Gerichtsvollzieher, Steuereintreiber, Kopfgeldjäger, verächtlicher Ausdruck für einen Gerichtsdiener,Kopfgeldjäger

O

O: Null, Kreis, Sterne, Pockennarben, Ausruf der Verwunderung, Überraschung, Ernsthaftigkeit, Verletzung, Wunsches, Abkürzung von of, on, alles Kreisförmige, von, bei, um, aus, an, auf, über, nach, in, zu
Ob(olus): Halber Penny
Obidicut: Biblischer Teufel
Obligation: Schuldschein, Schuldverschreibung, Verpflichtung, Vertrag
Obsequious: Seriös, ehrlich, eifrig, ernsthaft, ergeben, zärtlich, hingebungsvoll, trübe, dämmerig, düster, trostlos
Observance to a morn of may: Huldigung, Feier des Maimorgens. Am Morgen des 1. Mai zogen junge Frauen und Männer in die Wälder um einen Maibaum in einem festlichen Zuge durch die Städte zu führen. Dieses Ritual und sein Name stammen von Chaucer: Knights tale. *Siehe auch May-day*
Obstacle: Hindernis, Behinderung
Occupation: Handel, Arbeit, Beschäftigung, Beruf, Handwerk
Occurrents: Vorfälle, Zwischenfälle, Ereignisse
Od: Gott
Oe: Kreis
Oeiliad: Flüchtiger Blick, Seitenblick, liebäugeln, flirten
O`er-parted: Seiner Rolle nicht gewachsen, überfordert
O`er-raught: Betrügen, einen Vorteil einheimsen, bedecken, etwas verfehlen
O`er the hatch: Wie auch immer. Eine sprichwörtliche Redensart für eine außereheliche Zeugung
O`er-wrested, ore-rested: Die Wahrheit überdehnen, übertreiben, verzerren
Of: Voraus, während, in, von
Offal: Drang, Schlachtabfall, Müll, Speisereste, wertloses Zeug
Offcap, off capt: Seinen Hut ziehen, grüßen
Old: Moor, Wald, Hügelland, Hochland, Hochmoor, Alter, Ausdruck der Herzlichkeit, der Fülle, alt, älter, antik, damalig, früher, mehr als genug, über die Maßen, lang anhaltend, gealtert
Oldcastle: John Oldcastle starb den Märtyrertod unter Heinrich V. Er war ein Anhänger von John Wiclif 1328-1384. Dieser war theologischer Professor in Oxford und wollte eine englische Nationalkirche, losgelöst vom Papst, ohne Ohrenbeichte, Zölibat, etc., etc. begründen. Wiclif wurde 1382 verdammt, seine Werke (z. B. Bibelübersetzung) wurden jahrhunderte lang in England nicht gedruckt. Er beeinflußte stark Jan Huß
Oneyers: Leute, die sich mit den Großkopferten, den großen Tieren, den Vornehmen, etc. unterhalten und mit ihnen verkehren, den Mächtigen, der besseren Gesellschaft
Operant: Aktiv, wirksam, tatkräftig
Opinion: Einbildung, Meinung, Selbstbewußtsein, öffentliche Meinung, guter Ruf
Opposite: Gegner, Feind, Gegenteil, widerlich, feindlich, entgegengesetzt, ungünstig
Opposition: Kampf, Begegnung, Widerstand, Herausforderung zum Kampfe, Gegnerschaft, Vergleich
Orb: Kreis, Kugel, Erdkreis, Bahn eines Planeten, Bewegungsraum, Stern, Planet, Komet, ringförmige Abdrücke, Zeichnungen von sattem Grün auf dem Boden, die von Feen stammen. Die Erde in der Magie
Order: Ordnung, Planung, Verfahren, Leitung, Sitte, Befehl, Bruderschaft von Mönchen oder Rittern, anweisen, regeln, anordnen, veranlassen
Ordinance: Rang, Stand, Kriegswaffen, Kanone, Sitte, Brauch, Bestimmung, Fügung
Ordnance: Geschütz, Kanone, Mörser
Orgulous: Hochmütig, stolz
Orion: Eigentlich: Arion, dieser Dichter lockte, in der griechischen Antike, mit seinem Gesange Delphine an, welche ihn vor dem Ertrinken retteten
Orpheus: Der Thraker konnte mit seiner Musik wilde Tiere und Steine bezaubern. Die Antike wußte noch zahlreiche Geschichten über Orpheus zu erzählen
Osprey: Fischadler, konnte nach dem Volksglauben die Fische bezaubern
Ossa: Berg, Gebirge an der Küste von Thessalien, gegenüber dem Olymp, Nordgriechenland
Ostentation: Auftreten, Anschein, Erscheinung, Schau, Eitelkeit
Ounce: Schneeleopard, Unze (28,35g)
Ouph: Kobold, Fee, Elfe
Ousel-cock: Männliche Amsel
Out: Ursprung, Quelle, Außenseiter, Überzählige, gezogene Waffe (außerhalb der Scheide), draußen, außen, ohne, von, außerhalb, heraus, vom Ausland, weg, aus, am Ende, zum Ende, beendet, voll und ganz, öffentlich machen, neben sich stehend, vergessen was man sagen wollte, der falschen Fährte folgend, auf dem Holzweg, in fremden Händen, zerrissene Kleidung tragend, verursacht durch, lauthals, außer Dienst
Outlook: Mit einem Blick aus der Fassung bringen, jemanden verlegen machen, mit einem Blick bezwingen
Outvie: Überbieten (besiegt in einem Spiel)
Outward: Äußerliche Erscheinung, außen, äußerlich, fremd, von Außen, draußen, auswärts, Äußere, nicht mit den Geheimnissen des Staates, der Angelegenheit vertraute Personen, uneingeweiht
Overblow(n): Vorbei, vergangen, vorüber, entkräftet, ausgetobt
Overture: Meldung, Mitteilung, Vorschlag, Angebot
Owe: Besitzen, regieren, haben, müssen, verschuldet sein, zahlen müssen, jemandem verbunden sein
Owl a baker`s daugther: Gemeint ist die Legende von der Bäckertochter die Jesus einen Brot Laib mißgönnte und zur Strafe hierfür in eine Eule verwandelt wurde
Ox-lip: Schlüsselblume. Die Schlüsselblume wurde gegen Depression, Irrsinn und Gicht eingesetzt

P

Pack: Komplitze, Bündel, Ballen, Komplott, Verschwörung, etwas Zusammengesetztes, Kombiniertes, Vermischtes, betrügen, täuschen, falsch spielen (Karten), verschwören, etwas beladen, bündeln, fertig, bereit zu gegen, fliehen, weggehen, gegangen

Packing: Geheimer Plan, Trick, Komplott, üble Machenschaft

Paddle: Spielen, berühren, anfassen, liebkosen, streicheln, schmusen

Paddock: Böser Geist in Gestalt einer Kröte

Padua: Die norditalienische Stadt, in der Nähe Venedigs, war zu Shakespeares Zeit vor allem für ihre Rechtswissenschaftl che Fakultät an dieser alten Universität bekannt

Pageant: Schauspiel, Aufführung, schauspielern, mimen

Pain: Strafe, schmerzhafte Bestrafung, Schmerz, Leiden, Qual, Folter, schwere Arbeit, Anstrengung, Plackerei, Mühe, quälen, belästigen. Zu Shakespeares Zeit kannte man eigentlich nur entehrende Strafen, z. B. Verbannung oder Körperstrafen, z. B. Schläge oder Amputationen von Ohren, Fingern, etc.. Daneben die einfache und die qualifizierte Todesstrafe. Z. B. Hängen, Köpfen, Verbrennen, auf das Rad flechten, Vierteilen, etc.

Palabras: Worte, Wortwechsel. Dem Spanischen entnommen und steht auch dort für Worte, Ausdrücke

Pale: Zaun, Palisade, Blässe, einfrieden, umzäunen, erblassen lassen, umzingeln, krönen, blaß

Pall: Umwickeln, umhüllen, ummanteln, verfallen, verschwinden, verflüchtigen, verschleiern, verfaulen, abstumpfen

Pallas: Gemeint ist Pallas Athene, die griechische Göttin der Weisheit. Oder die römische Göttin Minerva, Beschützerin des Handwerkes, der Kunstfertigkeit, der Ärzte, der Lehrer, etc.

Palmer: Pilger auf einer Wallfahrt

Palmy: Siegreich, sieghaft, ruhmreich

Palter: Schwindeln, onglieren, betrügen, Spielkarten mischen, sich drehen und wenden, sich drücken, ausweichen, Winkelzüge machen, Haken schlagen

Pannonians: Illyrer aus der römischen Provinz Pannonien, dem heutigen Ungarn und Gebieten an der Donau

Paper: Urkunden, schriftliche Sicherheiten, Briefe, Gedichte, Papier, ein Blatt Papier, Schandmal (Verurteilte mußten eine Schilderung ihrer Straftat auf einem Zettel auf dem Rücken tragen), etwas schriftlich festlegen

Paphos: Bevorzugter städtischer Aufenthaltsort der Venus auf Zypern

Parcel: Teil, Stück, Artikel, Punkt, Bündel, Gepäck, Menschenmenge, Gesellschaft, Feier, etwas zusammenzählen, auflisten

Parcel-gilt: Teilvergoldung (Feuervergoldung, Doublé?)

Parel: Kleidung, Gewand, Anzug, Tracht. Eigentlich apparel

Paris-garden, parish-garden: Platz am südlichen Themseufer Londons (Southwark) in der Nähe des Globetheaters. Benannt nach Robert de Paris, dem ursprünglichen Besitzer des Platzes. Veranstaltungsort der überaus beliebten Bärenhatzen

Parish-top: (auch Town-top) Großer Kreisel, der mit Peitschen in Bewegung versetzt wurde zur allgemeinen Belustigung der Dorfbevölkerung, vornehmlich bei kaltem Wetter, im Winter. Jedes Kirchspiel hatte seinen eigenen Kreisel

Paritor: Beamter an einem bischöflichen Kirchengerichte, ein Beamter an einem Zivilgerichte (Ordentliche Gerichtsbarkeit), ein Zeremonienmeister

Parle: Verhandlung, Besprechung mit einem Gegner, Feind, gemeinsames, gegenseitiges Gespräch, verhandeln

Parlous: Beunruhigen, mutwillig, schelmisch, schädlich, boshaft. Beliebte Verballhornung von perilous

Parmaceti: Walrat, beim Pottwale findet sich in der Stirnbeinhöhle in einem den ganzen Körper durchlaufenden Kanal diese fettige Masse. Beim lebenden Wale gleicht der Walrat einem gelblichen Öle. Hieraus wurden Kerzen oder Fettphasen für Kosmetika und Medikamente hergestellt

Part: Teil, Bestandteil, Hälfte, Anteil, Talent, Gabe, Vorzug, Können, Aufgabe, Tätigkeit, Rolle, Amt, Ehrenamt, Seite, Gebiet, Stadtteil, Region, Quartier, teilen, abtrennen, verlassen, auseinander gehen, sich trennen, Abschied nehmen, weggehen, verreisen, abfahren, aufgeben, preisgeben, überlassen, teilweise

Partake: Partei ergreifen, teilhaben, teilnehmen, mitteilen, einen Anteil bekommen

Partaker: Anhänger, Verbündeter, Teilhaber, Teilnehmer

Parted: Geschenkt, gestiftet, ausgestattet, begabt mit vielen Dingen, talentiert

Parthian: Parthisch, von den Parthern stammend. Ein kriegerisches Reitervolk zwischen Medien und Baktrien lebend, dem heutigen Chorassan, im Norden des Iran bis zur Grenze von Afghanistan

Participate: Teilhaber, teilhaben, gemeinschaftlich tun, etwas mit Anderen gemein haben

Partisan, partizan: Hellebarde (Rangabzeichen eines Unteroffiziers)

Partlet: Pertelote, Henne bei Chaucers: Nun`s priest`s tale. Diese hält den Hahn Chantcleer unter dem Pantoffel, Taschentuch, Ringkragen für beide Geschlechter

Party-coated: Ein Narrenkostüm tragend, einen bunten Mantel, Umhang tragend

Pash: Kopf, herunterstoßen, herunterschlagen, niederwerfen

Pass: Durchgang, Erscheinungsbild, Akt, Prozedur, Paß (Erlaubnis zur Reise), Engpaß, Behinderung, Stoß beim Fechten, gehen, kommen, sterben, tun, voranschreiten, sich richten nach, durchschreiten, durchleben, verbringen, erfahren erleiden, sich frei bewegen dürfen, ereignen, allgemeine Grenzen überschreiten, überbieten, übertreffen, darstellen, sich kümmern um, beim Fechten zustoßen, äußern, erklären, vernachlässigen, nicht beachten, sehen, leiden, erlauben, leiden lassen, betraft werden, sich ereignen, durchführen, erreichen, beurteilen, äußern, aussprechen

Passado: Treffer und Schritt vorwärts beim Fechten

Passing: Berühmt, außergewöhnlich, hervorragend in schlechten, bösen Eigenschaften, übermäßig, übertrieben
Passion: Leiden, Krankheit, Aufregung, Erregung, Liebesleid, leiden, trauern
Passionate: Trauer ausdrücken, traurig, ergriffen, erregt, aufgeregt, beunruhigt, sorgenvoll, mitleidend
Passy-measure: Passa mezzo, italieneischer Schreittanz, pass`a mezzo, im halben Takte
Pastry: Raum, in dem Feingebäck, Blätterteig gemacht, hergestellt wurde
Patch: Flicken, Schönheitspflaster, Grundstück, Narr, Tölpel, Tolpatsch, wertloser Kumpan, Mantel, der beim Tragen verschiedene Farben (Flicken) erkennen läßt (Narrenkostüm), flicken, ausbessern
Patchery: Hochstapelei, große Heuchelei, Betrug, Verstellung
Path: Fußweg, Pfad, gehen
Pathetical: Tief berührt, ergriffen
Patient: Patient (eines Arztes), Schlechtes mit Geduld und Durchhaltevermögen ertragen, still warten, ruhig, leidenschaftslos, gesetzt, nachsichtig, reißt Euch zusammen!, faßt Euch!, beruhigt Euch!
Patines, pattens, patterns: Patenen aus Metall, runde, weite, breite Platten für geweihte Oblaten beim Abendmahl
Paucas: Wenige, wenig, kaum, vernachlässigbar. Der Begriff dürfte dem Spanischen entnommen sein. Pocas ist die gebeugte Form von poco. Es bedeutet auch hier: wenig, gering, kaum, etc.
Pavin: Spanischer Tanz: Pavana (Pfauentanz), würdevoller langsamer Reigentanz im geraden Takte. Die übliche Einleitung zu Festlichkeiten im Europa des 16. und 17. Jahrhundert
Pay: Bezahlung, heimzahlen, (be)zahlen, belohnen, befriedigen, geben, anbieten, leisten, schlagen, hauen, verletzen, töten, Vergeltung üben, im Kampfe treffen, im Kampfe töten
Peat: Kleines (Lieblings-) Haustier. Eine Anrede: Liebling
Pedascule: Kleinlicher, übertrieben genauer Mensch, Schulmeister, Pingel
Peer: Gleichgestellter Adliger, zum Vorschein kommen, sich zeigen, erscheinen, neugierig gucken, erscheinen lassen, spähen, hervorlugen
Peevish: Närrisch, tölpelhaft, kindisch, gedankenlos
Peg: Wirbel eines Saiteninstrumentes zum Festspannen, Stimmen der Saiten. Spannen, stimmen, festkeilen
Peg-a-Ramsey: Titel einer alten Ballade um eine neugierige Ehefrau
Peize: Ausbalancieren, schweben, unter Spannung halten, herunterziehen durch ein Gewicht
Pelican daughter: Nach dem Volksglauben nährt der Pelikan seine Brut mit dem eigenen Blute
Pelion: Berg auf der Halbinsel Magnesia an der Ostküste Thessaliens, Nordgriechenland, der heutige Plessidi. Als die Giganten, dem Mythos nach, den Ossa (Berg) auf den Pelion wälzten, um den Himmel zu stürmen, begruben die Götter die Giganten unter dem Pelion
Pelops: Sohn des Tantalus, von seinem Vater in Stücke geschnitten und gekocht den Göttern als Mahl vorgesetzt. Demeter verspeiste seine Schulter, die Götter ersetzten sie durch eine Elfenbeinprothese
Pelting: Klein, gering, unbedeutend, wertlos
Pendragon: Englischer König, Vater von Artus, um 500 n. Chr.
Pennon: Wimpel, kleine Flaggen, Banner an der Lanze eines Ritters
Pentapolis: Küstenregion in Lybien, Nordafrika
Pepin: Pippin der Jüngere, 715 - 24.9.768, seit 751 König der Franken, für Shakespeare der Typ eines längst verstorbenen Königs
Perch: Längenmaß von 5,5 Yards = 5,027 Meter, Vogelstange, wie auf einer Vogelstange hocken
Perdurable: Haltbar, dauerhaft, bleibend
Perdy, perdie: Par dieu, (durch Gott, bei Gott), ein Eid, schwacher Fluch, Schwur
Perfect: Ohne Mängel, vervollständigen, vollenden, darstellen, zeigen, unterweisen, fehlerlos, vollkommen, vollständig, ganz, uneingeschränkt, zweckentsprechend, richtig, reif, unbeeinträchtigt, glücklich, befriedigt, zufrieden, bekannt, zureichend, vorbereitet, voll, erfahren, geschickt, vollständig unterwiesen, informieren, unterrichten
Periapt: Talisman, Amulett, Glücksbringer, der auf den Kragen aufgenäht wurde
Perjure: Meineidige Person, zum Meineid verleiten, dazu verleiten einen Schwur zu brechen. Überführten Eidesbrechern wurde ein Zettel mit ihrer Straftat auf dem Rücken befestigt um sie damit öffentlich zu brandmarken, anstatt ihnen, wie früher üblich die Schwurfinger abzuschlagen, damit sie nie wieder einen Eid leisten konnten
Perseus: Sohn des Zeus mit Danae. Die Götter erteilten ihm den Rat nur in seinen spiegelnden Schild zu schauen, wenn er Gorgo, Medusa köpfe. Dadurch sollte es ihm erspart bleiben versteinert zu werden. Er ritt das geflügelte Pferd Pegasus
Perspective: Optische Täuschungen, geschliffenes Glas, welches von der Seite eine optische Täuschung erkennen ließ, die bei frontaler Ansicht, Durchsicht nicht zu erkennen war
Pervert: Vermeiden, abwenden, verführen, auf Abwege führen, einen anderen Weg einschlagen
Petar: Petarde, mit Pulver gefülltes Metallgefäß oder Ledersack zum Sprengen von Mauern. Die Petarde wurde mit einem Holzbrett an dem zu sprengenden Gegenstand befestigt und mit einer Zündschnur entzündet
Petrarch: Francesco Petrarca 20.7.1309 - 18.7.1374, der Lyriker Italiens
Pew-fellow: Kumpel, Kamerad, Begleiter
Phaet(h)on: Sohn des Helios, Sinnbild des Stolzes, bat sich den Sonnenwagen des Vaters aus und löste durch seine Unvorsicht beim Lenken einen Weltenbrand aus
Pharamond: Legendärer König der salischen Franken
Pheere: Ehepartner

Pheeze: Necken, hänseln, ärgern, schlagen, quälen, kämmen, mit einem harten Gegenstand, Gefäß (Griff) eines Schwertes schlagen

Philemon: Name eines Dieners, ein freundlicher, armer, alter aber zufriedener Bauer, welcher mit seiner Frau Baukis, Jupiter und Merkur bei ihrem Aufenthalte auf der Erde beköstigte, bei dem diese die Gastfreundschaft der Menschen auf die Probe stellten

Philip and Jacob: 1. Mai, ein alter englischer Festtag. Zugleich auch ein Fest für den keltischen Lichtgott (Sonnenfeuer) Baltaine, Beltaim, Beltane

Philippan, Philippi: Kampfplatz, Schlachtfeld in Thrakien, in der Nähe des Pangäusgebirges zwischen Drama und Kawalla, eine Ebene zwischen dem Pangaiongebirge und Drabeskos, Nordgriechenland. Eigentlich Philippoi

Phil(l)-horse: Deichselpferd. Eigentlich jill

Phillida: Geliebte des verliebten Hirten Corin

Philomel(a): Tochter des Königs Pandion aus Athen, von ihrem Schwager, dem Thrakerkönig Tereus, vergewaltigt und der Zunge beraubt. Berichtete in ihrer Stickerei, Weberei hiervon und rächte sich mit ihrer Schwester Prokne, der Ehefrau des Tereus, indem sie Tereus Sohn Itys tötete und dem Vater Tereus als Mahl vorsetzte. Tereus wurde danach in einen Wiedehopf, Prokne in eine Schwalbe und Philomela in einen Nachtigall verwandelt

Weeping philosopher: Heraklit von Ephesus um 500 v. Chr. berühmt für seine Spruchweisheiten (Alles fließt). Seine Lehren waren und sind von großer Wirkmächtigkeit. Shakespeare spielt hier auf eine alte Überlieferung an. Heraklit habe aus Kummer über die Dummheit der Menschen ein einsames Leben in den Bergen geführt

Philosopher`s stone: Der Stein des Weisen mit magischen Kräften. Er kann jedes Metall in Gold verwandeln. Er befand sich ursprünglich in der Krone des Heiligen Römischen Reiches

Phoebus: Römischer Name des Apollon als Sonnengott

Phrygia: Umgebung von Troja, Prygien eine Landschaft an der asiatischen Seite der Dardanellen und römische Provinz im Hinterland der Westtürkei

Pia mater: Hirnhaut (Gehirn)

Pick: Durchstechen, pflücken, ernten, werfen, aufstechen, öffnen, schleudern, herauspicken, fleißig suchen, zusammenraffen

Picked: Dandyhaft, höfisch, wählerisch, gekünstelt, fein, gut gekleidet, over-dressed

Pickers: Hände (Eigentliche Bedeutung: Dieb)

Pick-thank: Schmeichler, Schleimer, aufdringlicher Parasit

Pickt-hatch: Londoner Stadtteil, berüchtigt als Aufenthaltsort von Huren und Dieben

Piece: Teil, Rest, Stück, Kunstwerk, Gemälde, Statue, Münze, Muskete, flicken, füllen, vervollständigen, verlängern, vermehren, zufügen, auseinander, entzwei, ausbessern, liefern

Piel`d: Rasiert

Pight: Aufgeschlagen, befestigt

Pilcher: Hering, Sardine, kleiner, silbriger Fisch, verächtlicher Ausdruck für die Scheide einer Waffe

Pill: Tablette, plündern, ausrauben, verderben, schälen, abstreifen

Pin: Nadel zur Befestigung von Kleidung, Fibel, Nagel, Mittelpunkt, Zentrum der Zielscheibe, unbedeutende Kleinigkeit, Augenkrankheit (grauer Star ?), fixieren, befestigen, festnageln

Pinnace, pinnose: Kleines Boot, Schiff, Lastkahn. Eigentlich pinasse, ein Ruderboot, ca. 10 - 12 m lang

Pippen: Pippin der Jüngere, 715 - 24.9.768, seit 751 König der Franken, *siehe Pepin*

Pitchers have ears: Die Wände haben Ohren, es hört jemand mit, wir werden belauscht. Das vollständige Sprichwort lautet: Small pitchers have great ears

Pix: Kleine Kiste, Truhe, Kasten, Deckelpokal, in dem während des Abendmahles die geweihte Hostie aufgehoben wurde

Placket: Unterrock, Kleidungsstück für die Brust, Schürze, Schlitz im Unterock oder Hemd

Plague: Ärgernis, Strafe, Pest, Qual, Plage, strafen, plagen, quälen

Plainly: Offen, ohne Zierde, aufrichtig, einfach, deutlich, klar, unverstellt, ehrlich

Plain song: Piano canto, einfacher Choral, Psalm, Lied, Melodie

Plaited: Gefaltet

Planched: Aus Bohlen, Planken gemacht

Plant: Fußsohle, Pflanze, Gemüsepflanze mit eßbaren Früchten

Plantain: Plantago major, der Breitwegerich. Seine Blätter wurden in der Volksmedizin bei Knochenbrüchen und als Tee bei Atemwegserkrankungen angewendet

Platforms: Pläne, Schemata, Plattform, Terrasse, ebener Platz, freie übersehbare (Schuß-) Fläche vor einem Festungswerk, Grasfläche

Plausive: Populär, gefallend, gefällig, fast glaubhaft

Plautus: Titus Maccius Plautus 251 v. Chr. - 184, brachte den Stil des griechischen Lustspiels nach Rom

Pleached: Ineinader (zusammen-) gefaltet, verflochten, verwoben

Plot: Plan, ein Stück Erdboden, planen, erfinden, anfertigen

Plutus: Pluto, griechischer Gott des Wohlstandes, des Ackerbaues, ein blinder Erdgott

Point: Spitze, Anhängsel aus Spitze zum Zusammenhalten der Kleidung, Richtung, Sattelknopf, grammatischer Funkt, Klingenspitze, Zeitpunkt, Kategorie, Lage, Respekt, genau bestimmter Raum und Zeit, Seite, Zweck, höchste Erhebung, Gipfel, Teil einer Kompassrose, Staat, Verfassung, Frage, Angelegenheit, der springende Punkt, Einzelpunkt, einzelner Abschnitt eines Paragraphen, Spitzfindigkeit, Befehl zum Blasen der Trompeten, anspitzen, zielen, mit dem Finger auf etwas zeigen, weisen, festsetzen, ernennen, keinesfalls, im Ganzen, in jedem Teil, voll und ganz, in jeder Hinsicht, schärfen, ausstrahlen, neigen, bestimmt sein für

Point-de-vie,(device, devise): Genau, passend, richtig, geschniegelt, dandyhaft, aufgerüscht, übertrieben

Poize: Gewicht, Moment

Polled: Geleert, gesäubert, entblößt, beraubt

Polonian: Polnisch

Pomander: Gefäß aus Metall, z. B. Silber mit verschiedenen Segmenten, ähnlich einer Apfelsine. Jedes dieser Segmente enthielt einen anderen Geruchsstoff z. B. Orangenblütenöl, Muskatblüte, Kümmel, Ambra, etc.. Der Begriff leitet sich vom französischen Pomme d`ambre ab. Ärzte und Beichtväter trugen sie beim Besuch von Pestkranken, in der Hoffnung sich vor dem krankmachenden Miasma schützen zu können.

Pomewater: Apfelsorte, Königsapfel

Pomfret: Pontefract in West Yorkshire, in dem Schloß war Richard II eingekerkert, Festung zur Zeit der Rosenkriege

Pomp(e)ion, Pompey: Cneius Pompeius genannt Magnus 29.9.106 -28.9.48 v. Chr., römischer Politiker, Konsul und erfolgreicher Feldherr. Zuerst Verbündeter des Julius Caesar. Im Bürgerkrieg 49 v. Chr. wurde er sein Gegner, und auf der Flucht ermordet

Pontic Sea: Schwarzes Meer

Poor-john: Geräucherter und gesalzener Hechtdorsch (Stockfisch)

Popinjay: Papagei

Popularity: Umgang, Verkehr mit Städtern, gemeinen Menschen, die nicht aus einer Adelsfamilie abstammen

Port: Hafen, Tor, Benehmen, Haltung, Art und Weise zu leben, lifestyle, Verhalten, Stil

Portable: Tragbar, erträglich

Portance: Körperhaltung, Verhalten, Benehmen, Livestyle

Portia: Ehefrau von Brutus Iunii, *siehe bei Marcus Brutus*

Possess: Besitzen, sich an etwas erfreuen, genießen, im Besitz nehmen, gewinnen, bekommen, besetzen, beherrschen, befehlen, füllen, ausfüllen, zum Herren machen, benachrichtigen, wissen lassen, austauschen

Posset: Schlaftrunk aus heißer Milch (Molke) mit Gewürzen oder Alkohol, etwas gerinnen lassen

Potato-finger: Wollüstige Finger. Die Kartoffelknollen aus Südamerika galten damals als stark anregende Speise. Die Süßkartoffel, Batates endulis galt als Aphrodisiakum

Potch: Gewaltsam stoßen, aufeinander treffen

Potent: Herrscher, Führer, Imperator, kraftvoll, mächtig

Pouncet-box: Kleines Behältnis für Parfüm mit Löchern zum Verdunsten und Parfümieren

Power: Kraft, Stärke, Vitalität, Lebenskraft, Fähigkeit, Autorität, Einfluß, Beherrschung, Trieb, Armee, übernatürliche Kräfte

Practice: Tun, Übung, Erfahrung, Gewohnheit, Geschick, Beruf, List, Strategie, Falle, Tücke, Machenschaft

Practisants: Militärische Verbündete

Practise: Sich einer List bedienen, Ränke schmieden, planen, beabsichtigen, aufführen, gewohnheitsmäßig tun, einüben, einstudieren, trainieren, lehren, vormachen, einen Beruf ausüben, anwenden, durch Erfahrung lernen

Prank: Schmücken, ausstaffieren, dekorieren, prunken

Precedent: Originalentwurf, Zeichen, Beispiel, Omen, früher vorliegend, vergangen

Precept: Weisung, Lehre, Vorladung, juristische Vollmacht, Befehl

Precisian: Scheinheiliger, Jemand, für den sittliche Regeln nicht gelten

Prefer: Zeigen, empfehlen, bevorzugen, richten an, vorbringen, vorstellen, vorschlagen, darreichen

Pregnancy: Geschick, Klugheit, Tüchtigkeit

Pregnant: Bereit, vorbereitet, fit, fertig, schnell, rasch, schlagfertig, klar, deutlich, geneigt, einleuchtend, gewandt, kunstvoll, geschickt

Pregnant enemy: Der Feind der Menschheit

Premised: Die zu früh Losgeschickten, Verkündeten, Vorherbestimmten, Verfrühten, Vorzeitigen

Prenominate: Bereits genannten, erwähnten, vorhergesagten

Pre-ordinance: Eingeführte, übliche Regel, Gesetz, Ritus, Vorgehensweise

Presence: Audienzhalle, öffentlicher Raum, Anwesenheit, Gesellschaft, Versammlung, Wesen, Haltung, Persönlichkeit, äußeres Erscheinungsbild, vornehme Gesellschaft

Press-money: Sold

Prest: Bereit, fertig, schnell, rasch, schlagfertig

Prester John: Priester Johannis, König aus dem Morgenlande. Um die Mitte des 12. Jahrhunderts verbreitete sich in Europa das Gerücht, daß in Asien ein christlicher König lebe, der den Kreutzfahrern zu Hilfe kommen wolle. Seit dem 14. Jahrhundert wird der äthiopische König als Priester Johannes bezeichnet

Pretence: Formgebung, Absicht, Vorwand, Zweck

Pretend: Beabsichtigen, behaupten, meinen, vorgeben

Prevent: Vorwegnehmen, zuvorkommen, vermeiden, abhalten, enttäuschen, entfliehen

Priapus: Griechischer Gott der Fruchtbarkeit

Prick: Stachel, Stichwunde, Schreibrolle, Markierung, Namensliste, Geschlechtsteil, die Ohren spitzen, stechen, anbohren, feststecken, ausstecken, anstacheln, anregen, anspornen, aufhetzen, auswählen, feststecken, kennzeichnen, schmücken, ausstaffieren

Prig: Dieb

Prime: Höhepunkt, Frühling, Blüte des Lebens, zuerst, ranghöchst, geil, rollig, läufig

Primero: Spanisches Kartenspiel für drei, vier oder fünf Spieler mit französischen Karten, ohne die Acht, Neun, und Zehn. Ähnlich dem Skat bzw. L`hombre.

Principals: Firstbalken, Dachsparren eines Gebäudes, Kredit, Arbeitgeber, Komplize, Anstifter, haupt..., gesund

Princox: Geck, Taugenichts, verdorbenes Kind, verwöhntes, freches Kind, unverschämter Junge

Priscian: Priscianus 491-518, lateinischer Grammatiker am Kaiserhof von Konstantinopel. Seine Werke waren hochgeschätzt

Probal: Berechnen, beeinflussen, vernünftig, billig, angemessen

Process: Befehl, Berufung, Verlauf, Hergang, rechtmäßiges Verfahren, gehen, vorbeigehen, Ablauf von Ereignissen, die Art und Weise, wie Etwas fortschreitet und sich ereignet

Procne: Prokne, Schwester der Philomela, schlachtete ihren Sohn Itys, und servierte ihn dem Vater Tereus, aus Rache für die Schändung und Verstümmelung ihrer Schwester

Procrus: Eigentlich: Prokris. Ihr Mann Kephalos konnte sich beliebig verwandeln und erkannte dadurch die Untreue seiner Frau Prokris. Dieser floh nach Kreta und erhielt von Artemis einen Hund und einen Speer denen kein Wild entging. Kephalos versöhnte sich wieder mit ihr. Bei einer Jagd schlich sie ihm aus Eifersucht nach, und wurde von ihm mit Wild verwechselt und getötet

Procure: Bekommen, gewinnen, verursachen, erringen, verkuppeln, erreichen, zustande bringen

Prodigal: Biblische Person. Sohn, der leichtfertig sein Erbteil verschleudert, durchbringt. Das Gleichnis vom verlorenen Sohn. Freizügig, verschwenderisch, reichlich, mehr als genug

Prodigious: Unheilvoll, erschreckend, übernatürlich

Proface: Viel Gutes kann es dir bringen. Ein Tischspruch wie Prosit, bzw. Mahlzeit

Profession: Geschäft, Handel, Beruf, Können, Fähigkeit

Progne: *Siehe Procne*

Progress: Fortschritt, eine königliche Reise, eine offizielle Staatsreise im eigenen Land, vorangehen, bewegen

Project: Vorstellung, Plan, Idee, Schema, formen, gestalten, bilden, ausdenken, vorstellen

Prompture: Versuchung, Vorschlag, Anregung, Andeutung, Anstiftung

Prone : Erpicht, eifrig darauf aus sein

Proof: Versuch, Experiment, Probe, Test, eine Probe bestehen, Erfahrung, Erkenntnis, überzeugendes Argument, Ergebnis, Tatsache, widerstandsfähig, undurchdringbar

Propagate: Vermehren, vorbringen, verbessern, erzeugen, vorstellen

Propagation: Vermehrung des zu erhaltenden Vermögens, Vergrößerung, Erhöhung der Verzinsung, Zusatz

Proper: Ansehnlich, gut aussehend, hübsch, nett, schön, passend, eigen, eigentümlich, besonders, aufrichtig, außergewöhnlich, kleidend, ehrlich, rechtschaffend

Proper-false: Gutaussehend aber falsch, trügerisch

Property: Eigenheit, Eigenschaft, Eigentum, Besitz, Außergewöhnlichkeit, Theaterrequisiten, Werkzeug, zum Werkzeuge machen, mit Qualitäten ausstatten

Propontic Sea: Marmarameer, Dardanellen, Bosporus

Propose: Gespräch, Unterhaltung, als Belohnung in Aussicht stellen, sprechen, versprechen, als ein zu erreichendes Ziel vorstellen, vor Augen halten, sich einbilden, sich vorstellen, phantasieren, als Belohnung aussetzen, vorschlagen

Propriety: Persönlichkeit, Wesen, Eigenart, Selbstbewußtsein, regulärer, passender, korrekter, richtiger Zustand, Lage, Situation, Schicklichkeit

Prorogue: Verlängern, ausdehnen, strecken, herauszögern, schmachten lassen, verspäten

Proserpine: Proserpina, römische Göttin der Unterwelt, der griechischen Demeter (Erdgöttin, Ackergöttin) entsprechend. Deren Tochter Kora spielte mit den Okeanostöchtern. Aus der Tiefe stieg Pluto (Hades) empor, raubte Kora und machte sie zu seiner Frau. Sinnbild des Frühlings

Proteus: Poseidons Hirte, ein weissagender Meergreis, konnte seine Erscheinung verwandeln und zaubern

Provand: Heu, Stroh, Futter für Rinder (Vieh)

Provincial: Zu einem Kirchensprengel gehörend, und dessen Judikation unterstehend, Mensch aus der Provence, verzierte Schnürsenkel

Provost: Gefängniswärter, Kerkermeister

Prune: Trockenpflaumen (eine Anspielung auf das weibliche Geschlecht), Federn mit dem Schnabel zurechtrupfen, zurückschneiden, mit Federn schmücken, aufrüschen

Publicola: Römisch klingender Phantasiename?

Publius: Name eines plebeischen Geschlechtes, Publilius, Poblilius, wurden Patrizier

Pugging: Diebisch, kleptomanisch, (hündisch?)

Puke: Farbe (rotbraun, gelbbraun bis schwarz), erbrechen, herauswürgen

Pun: Schlagen, zuschlagen, zerstampfen, pulverisieren, wiederholt und heftig angreifen, etwas zu Brei schlagen

Punto reverso: Stich mit der Rückhand beim Fechten

Purchase: Erwerbung, Gewinn, Beute, Profit, Handel, Kauf, erwerben, erlangen, erhalten, erreichen, bekommen, erzielen, verdienen, kaufen, freikaufen, erlösen, einen Handel abschließen, hervorbringen

Purlieu: Grenze, Rand, Kante

Pursuivant: Gehilfen der Herolde, Offiziere des Heeres, Vorboten, Ausrufer

Put to (know): Machen, tun, verursachen, verleiten, hervorbringen

Putter-on: Anstifter, Verursacher, Reisender, welcher vor der Reise bei einer Versicherung eine Summe hinterlegt hatte. Diese Einlage wurde bei seiner Rückkehr von der gefährlichen Reise mit dem fünffachen Betrag ausgezahlt. Jemand, der anspornt, anregt, aufhetzt, drängt, ermutigt, beeinflußt, erregt, bewegt, rührt

Putter-out: Seereisender, Abenteurer

Puttock: Eine entartete, degenerierte Art von Falken (ein nicht zum Jagen zu gebrauchender Falke), Gabelweihe, Königsmilan, Königsweihe, Rötelweihe, roter Milan, Gabelschwanz

Q

Quagmire: Sumpf, Moor
Quail: Wachtel (Kampfhahn), heuchlerischer Ausdruck für eine Frau (Hure), in Ohnmacht fallen, zurückschrecken, niedermachen, auslöschen, vernichten, zerquetschen, zermahlen, durch Furcht nachlassen, unterdrücken, verlangsamen, lockern
Quaint: Fein, zierlich, hübsch, gefallend, schön
Quaint-mazes: Ein Spiel
Quaked: Vor Angst zittern, beben, vor Angst erregt sein
Qualify: Vermindern, abnehmen, herabsetzen, sich mäßigen, beruhigen, verwässern
Quality: Wesen, Natur, Art, Güte, Gabe, Talent, Charakter, Fähigkeit, Kraft, Wirksamkeit, Rang, Bündnisgenossen, Beruf, Zustand, Verhältnisse des Lebens, Bedingungen, Art und Weise, Ursache, Grund, Gelegenheit, Anlaß
Quarrel: Wettbewerb, Streit, Kampf, Streitsache, Ursache eines Streites, zanken, opponieren, gegnerisch verhalten
Quarry: Strecke (erlegtes Jagdwild), Steinbruch
**Quart d`ecu:** 1/4 eines französischen Ecu, Cardecue (Goldmünze) ( 1 Ecu = 10 Sols ( Schilling ), 1 Sol = 12 deniars ) = 15 Pence. Der Ecu d`or ist die älteste französische Goldmünze. Er war neben dem Dukaten und dem Fiorino, Florin, Floren, Florentiner die wichtigste europäische Goldmünze vom 14. bis zum 17. Jahrhundert
Quarter: Ein zugeteilter Posten, Rang, Platz, Stellung, Position, militärisches Lager, Viertel, Vierteljahr, Frieden, Einigkeit, Freundschaft, ein Viertel des Himmels, in vier Teile teilen, teilen, zerschneiden, schlachten, vierteilen, einquartiert, die Waffen auf einem Wappen einer anderen Familie ablegen
Quat: Eiterbeule, Pickel, Pustel
Queasy: Empfindlich, schreckhaft, heikel, penibel, zart, fein, kitzelig, unruhig, anspruchsvoll, zu Übelkeit neigend, wählerisch
Queen Mab: Hebamme der Feen
Quell: Mord, ermorden, zerstören, vernichten
Quern: Handmühle um Korn zu mahlen
Quest: Geschworenengericht, Suche, Expedition, gerichtliche Untersuchung, Suchtrupp
Question: Unterhaltung, Gespräch, Frage, Zweifel, Streit, Streitpunkt, Gesuch, Beratung, Rede, Gegenstand einer Untersuchung, juristische Untersuchung, Fall, Überlegung, Rede, Unterredung, Fragestellung, fragen, untersuchen, verhören, anzweifeln, besprechen, bedenken, reden, bekehren, versuchen, ausprobieren
Questrist: Jemand, der auf der Suche nach einem Anderen ist, ein Nachforschender, ein Nachfragender
Quick: Lebhaft, lebend, munter, lebendig, vital, flink, behände, sprunghaft, frisch, empfindsam, schnell, schwanger
Quicken: Beleben, anregen, aufmuntern, erfrischen, jubeln, Leben empfangen, zeugen, geboren werden
Quiddits: Spitzfindigkeiten, Haarspaltereien. Eigentlich quiddity
Quietus: Freispruch, Schlußrechnung, Bilanz, Rechenschaftslegung, Rechenschaftsprüfung
Quillets: Rechtliche Veränderung, rechtlicher Trick, Schlich, Kniff, Haarspalterei, Spitzfindigkeit
Quinapalus: Fingierter Name eines alten, antiken Philosophen
Quintain: Pfosten, Holzfigur, die zum Lanzenwerfen aufgestellt wurde
Quintus: Mutmaßlicher Vorfahr von Caius Marius
Quip: Witz, Spott, Sarkasmus
Quire: Gesellschaft, Chor, Singbühne, in einem Konzert mitspielen, mitsingen
Quit: Lassen, gehen, fahren, freilassen, verlassen, ausliefern, entschuldigen, vergeben, vergelten, belohnen, klären, zurückgeben, auszahlen, bezahlen, freisprechen, reinwaschen, entlasten, zurückgeben
Quittance: Eingelöster Schuldschein, Bezahlung, Rückzahlung, Vergeltung, vergelten, rächen, heimzahlen
Quiver: Köcher, zittern, schütteln, flink, behänd, aktiv
Quoit: Wurfspiel, so etwas wie Hufeisen werfen nach einer Stange
Quondam: Einst, früher
Quote: Beobachten, (be)merken, untersuchen, interpretieren, entwerfen, beschreiben, aufschreiben, lesen, wahrnehmen, empfinden, erkennen

R

Rabato: Halskrause Kragen mit Spitzen über dem Hinterkopfe für Männer und Frauen. Mode des 15. und 16. Jahrhunderts
Rabbit-sucker: Junges, noch gesäugtes Kaninchen
Race: Wesen, Gemüt, Wurzel, Abstammung, (Wett-Lauf), Rennen, Rizom
Rack: Wolke, trübender Nebel, Foltermaschine, auf der Streckbank foltern, sich treiben lassen wie eine Wolke, quälen, fließen, übertreiben, erweitern, aufreiben, strecken, foltern
Rag: Einfache Kleidung aus selbstgesponnener und selbstgewebter Wolle oder Leinen, Fetzen, Lumpen, Bettler, schäbiger Mensch, verschlissene Kleidung
Ragamuffin: Lumpenkerl, Taugenichts
Ragged: Uneben, rauh, zerfetzt, Lumpen tragend, wie ein Bettler
Rake: Rechen, Harke, liederlicher, abgemagerter Kerl, (zusammen)harken, bedecken, enthüllen, ausgraben, suchen, begraben. Sprichwörtliche Redensart: So mager wie ein Rechen/Harke
Rampallian: Schlampe, Luder, Vettel. Möglicherweise von dem spanischen Wort ramplon abgeleitet. Dieses bedeutet: rauh, unangenehm, vulgär, etc.
Rank: Reihe, Linie, Stand, Rang, Gestank, Zeile, Glied von Soldaten, Trott, Schlendrian, übermäßig groß gewachsen, dem Range entsprechend zusammenstellen, dem Range entsprechend platzieren, verkuppeln, verbinden, zusammenfügen, zusammenführen, zusammentreffen, zuviel, übertrieben, krank, verdorben, faul, ekelhaft, dick, fett, grob, derb, ranzig, stinkend, geil
Rap(t): Klopfen, ansoßen, entzücken, hinreißen, geistesabwesend sein, fröhlich, berühmt, entzückt, hingerissen
Rapture: Anfall, Wahnsinn, Trance, Ohnmacht, Raub, Entzug, Bruch
Rarely: Außergewöhnlich, hervorragend
Rascal: Schuft, gewissenloser Kamerad, Begleiter ohne Grundsätze, Schelm, Schurke, Gauner, mageres Wild, zu schwaches Wild um es zu Jagen und zu Erlegen, gemein, wertlos, nichtsnutzig
Rash: Ein Name, gedankenlos, schnell, rasch, schlafen, stoßen, übereilt, vorzeitig, unüberlegt
Rash remonstrance: Vorzeitige, verfrühte Entdeckung
Rate: Wert, Grat, schätzen, bewerten, berechnen, ausschelten, schimpfen, tadeln, vorwerfen, beschuldigen, ausgescholten, getadelt, vorgeworfen, beschuldigt, geschätzt, bewertet, berechnet
Raught: Bereich, Einflußsphäre, Fähigkeit, erreichen, erlangen, erschrecken, berühren, ankommen, verlängern, ausstrecken, ausweiren, die Hand ausstrecken um nach Etwas zu greifen, eine Sache berühren können, etwas erreichen können
Ravin: Etwas gierig verschlingen, gefräßig, gierig, heißhungrig, unersättlich. Eigentlich ravine = Schlucht
Raw: Roh, ungebildet, unwissend, unreif, öde, kahl, ungeschickt, frisch, gehäutet, geschunden, wund, entzündet, unerfahren, rauh, kalt, frostig, trüb, freudlos, finster
Raw-boned: Abgemagert, ausgemergelt, verhungert, ausgehungert, nur noch Haut und Knochen
Rawly: Mittellos, verwaist
Rayed: Verschmutzt, verdreckt
Razed: Aufgeschlitzt
Readins: Reading, ehemalige Bezirksstadt von Berkshire, Südengland
Rear-mouse: Fledermaus, Symbol für das Schlechte, den Teufel (da ein nachtaktives Tier), im Verborgenen
Reason: Verstand, Vernunft, Gleichheit, Fairnes, Gerechtigkeit, Rede, Gespräch, Grund, Ursache, Befriedigung, im Recht sein, Recht haben, Motiv, Streit, diskutieren, besprechen, reden, streiten
Rebeck: Eigentlich cie älteste, noch aus dem arabischen Raume stammende, Form der Geige mit drei Saiten. Abkürzung für Rebecca?
Receipt: Annahme, Entgegennahme, das Entgegengenommene, Aufnahmenmöglichkeit, Aufnahmefähigkeit, Empfangsmöglichkeit, Empfang, Eingang, Empfangsbereich, ein medizinisch-pharmazeutisches Rezept, annehmbar, respektabel
Rech(e)ate: Hornruf mit dem Hunde bei der Jagd, zurückgerufen werden
Reck: Sich um etwas kümmern, an etwas denken. Statt reckless = unbekümmert?
Recorder: Flöte mit acht Löchern, deren Schallaustrittsöffnungen mit einem Stück Ochsenleder verschlossen wurden um den Klang der menschlichen Stimme nachzuahmen, Justizbeamter zur Verwahrung von Urkunden, etc. (Notar)
Recure: Heilen, wiederherstellen, gesunden
Red-lattice: Rotes Sprossenfenster als Zeichen für ein Alehouse (Bierlokal)
Red-plague: Wundrose, Gesichtsrose, Rotlauf, Flugfeuer
Reduce: Befördern, übermitteln, mitteilen, bringen, geben, ausdrücken, zurückbringen
Reechy: Verrußt, verraucht, verqualmt, schmierig, stinkend
Refel(l): Etwas widerlegen
Refer: Sich wenden an, sich berufen, verweisen, beanspruchen, seine Zuflucht nehmen, sich berufen auf
Regard: Aussehen, Blick, Aussicht, Anblick, Paß, Bericht, Einschätzung, Meinung, Ansicht, Beratung, Aufmerksamkeit, Bedenken, Überlegung, Vorstellung, Einsicht, Interesse, Gedanke, beobachten, bemerken, bedenken, sich kümmern um, betrachten, Aufmerksamkeit richten auf, berücksichtigen
Regiment: Regierung, Herrschaft, Beratung, Macht, Regel, Vorschrift, Einfluß, Regiment von Soldaten
Regreet: Gruß, Begrüßung, Grüße austauschen, begrüßen, zurück Grüßen, treffen, sich wenden an
Reguerdon: Belohnung, entschädigen, ersetzen, erwidern, belohnen
Relative: Enger verbunden, beweiskräftiger, stichhaltiger, sich beziehen auf, verbunden mit

Remenbered: Erinnern, in Erinnerung rufen, bedenken
Remenbrance: Erinnerung, Erinnerungsstück, Gedanke, Gedächnis, Gedenken, Andenken, Betrachtung, Berücksichtigung, sich in Erinnerung rufen, sich besinnen, im Gedächnis behalten
Remorse: Mitleid, Erbarmen, Gewissenesbisse, Empfindsamkeit
Remotion: Abwesenheit, Desinteresse, Zurückhaltung
Render: Aufgabe, Hingabe, Rechenschaft, zurückgeben, geben, anbieten, bewilligen, zugeben, bieten, aufgeben, weichen, zeigen, hervorrufen, erzählen, berichten, darstellen, machen
Renege: Nicht anerkennen, verleugnen, verraten, verweigern, ablehnen
Repair: Reperatur, Wiederherstellung, Genesung, Renovierung, Ankommen, Herannahen, seine Zuflucht nehmen zu, erneuern, renovieren, wieder aufrichten, verjüngen, wieder herstellen, genesen, kommen, gehen, wieder kommen
Repasture: Nahrung, Lebensmittel, Mahlzeit, Imbiß
Repeal: Widerruf, abberufen, zurückrufen, wiedereinsetzen, widerrufen, aufheben, annulieren, aussetzen, absetzen
Report: Aussage, Bericht, Erzählung, Klatsch, Ansehen, Ruf, hören, sprechen, reden, erzählen, beschreiben, darstellen, aussagen, berichten, beten
Reproof: Widerlegung, Beschuldigung, Beweis eines Fehlers, Fehlverhaltens, Schuld, Vorwurf, Tadel, Fälschung, Widerspruch, Bestrafung
Repugn: Widerstehen, widersetzen, bestreiten
Repute: Abschätzung, Beurteilung, Bewertung, schätzen, bewerten, preisen, sich rühmen, denken
Resolve: Entschlossenheit, Willensstärke, Bestimmung, schmelzen, auflösen, lösen, erklären, aufklären, informieren, antworten, vorbereiten, bestimmen, entscheiden, befriedigen, Bescheid geben, gefaßt machen auf, sich klar werden über
Respect: Betrachtung, Nachdenken, Überlegung, Beratung, Grund, Ursache, Beziehung, Standpunkt, Achtung, Rücksicht, Würde, Ansehen, Aufmerksamkeit, Beachtung, Fürsorge, Ehrfurcht, Hochachtung, Wertschätzung, Sicht, Sichtweise, gutes Benehmen, Zurückhaltung, ehren, würdigen, betrachten, beachten, sich sorgen um, wertschätzen, mit Ehrfurcht betrachten, sich kümmern um, ehrfurchtgebietend
Respective: Respektabel, achtbar, rücksichtsvoll, liebenswert, wert sich darum zu kümmern
Respectively: Respektvoll, rücksichtsvoll
Retail: Erzählen, berichten, einen Trödelhandel betreiben, einen Second-Hand-Laden führen
Reverb: Wiederholung, reflektieren, zurückrufen
Revolt: Fahnenflüchtiger, Deserteur, Aufruhr, Erhebung, Fahnenflucht, zum Feind überlaufen, Pflichtvergessenheit, Rebell, aufbegehren, revoltieren, untreu
Rhodope: Nach Herodot: Hetäre bzw. Nebenfrau des Pharao Mykerinos, nach Strabon: mutmaßliche Erbauerin der Pyramiden
Rialto: Brücke über den Canale Grande in Venedig, Handelsplatz in Venedig, Ort der Währungswechsler, Banker
Rib: Rippe, Spanten eines Schiffes, Schutzmantel, einzäunen, einschließen, schützen
Rid: Zerstören, vernichten, aus dem Wege räumen, entledigen, befreien, klären, klar, frei
Rift: Spalt, Riß, auseinanderbrechen, zersplittern, spalten, reißen
Riggish: Herzlos, rücksichtslos, ungerecht, wild, unkeusch, unschlüssig, lüstern, exzessiv, unzüchtig, gelöst, lustig, ungebunden, prunkvoll
Right: Recht, Menschenrecht, Natur, Titel, Anrecht, Anspruch, Vernunft, Wahrheit, Genugtuung, Sitte, Anstand, Gesetz, Eigentum, Recht verschaffen, wahrheitsgemäß, rechtmäßig, richtig, wirklich, genau entsprechend, genau passend, andererseits, direkt, gerade, wahr, ordentlich, zweckgemäß, wahrhaftig, echt, rechts, fehlerfrei, genau, gerecht, rechtfertigen, verteidigen, rächen, sehr, höchst
Right-drawn: Etwas in der richtigen, gerechten Art und Weise machen, rechtschaffend
Rigol: Kreis, Reifen, Krone
Ring-time: Zeit der Hochzeitsvorbereitungen
Ringwood: Name eines Hundes
Ripe: Zur Reife bringen, reifen, erwachsen, gereift
Rivage: Sandbank, Ufer, Küste, Strand
Rivality: Der gleiche Rang, Stellung, Stand, Partnerschaft
Rival: Partner, Teilhaber, Genosse, Mitbewohner, Konkurrent, rivalisieren, konkurrieren, wetteifern
Rive: Bersten, spalten, entzünden, abfeuern, schießen, auseinanderbrechen, reißen, gespalten werden
Rogue: Obdachloser, Vagabund, Herumtreiber, Betrüger, Schurke, Schuft, entehrte, unehrliche, unglückbringende, kriminelle Person. Ein Ausdruck des Vorwurfs
Romage: Tumult, Aufruhr, Durcheinander
Roman fool: Marcus Porcius Cato. Als Julius Caesar die Macht in der römischen Republik an sich riß, brachte sich sein Widersacher Cato um
Ronyon: Eine gemeine, räudige, abscheuliche, niedrige, geizige, armselige, knauserige, verachtete, verachtenswerte Person. Der Begriff ist dem Spanischen entnommen. Roñon bedeutet: moralischen, widerwärtigen Schaden, Schweinerei, raffinierter Trick, schädlicher, unverschämter, knauseriger, gelziger, schmutziger Mensch
Rood: Ein christliches Kreuz, Kruzifix
Rook: Saatkrähe, niederkauern, ausbreiten
Ropery: Schurkisch, schelmisch
Rope-tricks: Gaunereien (mit der Todesstrafe bedroht, damals eine häufige Strafe), Straftaten

Roscius: Freigelassener Sklave, genannt Quintus Roscius Gallus 134 - 62 v. Chr., berühmter Komödienschauspieler, erhielt durch Sulla den Goldring eines Eqaestrians = Ritter

Rother: Provinzieller Ausdruck für einen Ochsen, ein Rind

Roun: raunen, flüstern

Round: Kreis, Stufe einer Leiter, Rundtanz, umgeben, umrunden, umkreisen, wachsen, mästen, sich runden, flüstern, wispern, raunen, rund, grob, ungefähr, informell, groß, kugelig, rundlich, kreisförmig, weit, allseitig, überall, durchgehend, gerade heraus, direkt, umfangreich, sperrig, fleischig, plump, voll, lang, ehrlich, fair, glatt, in jede Richtung, in jedem Teile

Roundel: Rundtanz, ländlicher Tanz, der kreisförmig oder als Polonaise getanzt wurde

Roundure: Kreis

Rouse: Zechgelage, hochheben, erheben, aufrichten, aufwecken, aufschrecken, erregen, anregen, alarmieren, aufrecht stehen, aufsteigen, aufstehen, errichten, ausstrecken, aufschrecken

Royal: Dem Könige zustehend, gebührend, angemessen, zuzuschreiben, verursacht durch den König, Prinzen, geeignet um König zu werden, Goldmünze zu zehn Schilling, würdevoll, edel, großzügig, prächtig, herrlich

Royalty: Königshaus, Adel, Vornehmheit, Amt und Würde des Königs, Titel, königliche Geburt, Hofstaat, Zeichen königlicher Würde, königliches Benehmen

Roynish: An Krätze (Milben) leidend, räudig, von Armut heimgesucht, vernachlässigt, dreckig, elend, erbärmlich, schlecht, schmutzig, faul, verdorben, schäbig, lausig. Ein Ausdruck tiefster Verachtung

Rub the elbow: Die Arme überkreuzen und die Ellbogen reiben. Galt als Zeichen des Vergnügens, des inneren Behagens. Wir würden heute sagen: Sich die Hände reibend

Ruddock: Rotkehlchen

Ruff: Halsband aus geflochtenem Leinen für Männer und Frauen

Ruffle: Aufruhr, Tumult, geschäftiges Treiben, Aufruhr stiften, Krawall, Tumult verursachen, randalieren, toben, stören, rauschen, rascheln, lärmen

Ruin: Abstieg, Verfall, Zerstörung, Untergang, Ruinen, ruinieren, verderben, zerstören

Rump-fed: Breithüftig?, mit Innereien, Schlachtabfällen gefüttert. Diese wurden an die Armen verschenkt, oder gegen ein Taschengeld von dem Küchenpersonale größerer Häuser verkauft

Rush-candle: Talg, bzw. Fettlampe mit einem Binsendocht

Ruth: Mitleid

S

Sack-cloth: Trauerkleidung aus groben Stoffe
Sackerson: Berühmter, großer Bär von der Bärenkampfarena in Paris Garden, London
Sacring-bell: Kleine Messglocke, deren Erklingen die Ausgabe der Hostie verkündet, bzw. Geläut auf dem Weg zum Sterbenden, der die letzte Ölung erhalten soll
Sadly: Ernsthaft, kummervoll, traurig, sorgenvoll
Sadness: Ernsthaftigkeit, Trauer, Kummer, Sorgen
Sag(g): Heruntersinken, absinken, versacken
Sagittary: Name einer Gaststätte, Quartier des militärischen Oberkommandos Venedigs, vor dessen Eingang ein Bogenschütze stand. Ein zentaurenähnliches, schreckliches, furchtbares Wesen, kämpfte auf Seiten der Trojaner gegen die Griechen
Saint Colm`s Inch: Inchcolm, kleine Insel vor Ostschottland im Firth of Forth
Saint Edmundsbury: Bury St. Edmunds, Marktort in Suffolk, Ostengland, katholische Pilgerstätte
Saint George`s Field: Platz in Southwark, London, bekannt als Rotlichtviertel, bzw. für seine Bordelle
Sallet: Halbrunder Helm eines italienischen Bogenschützen (häufig ohne Visier) aus dem 15. Jahrhundert. Salat, unreif, jung. Eigentlich salade
Saltiers: Satyrn (Wald- oder Quelldämonen der griechischen Mythologie, menschliches, vollkommen behaartes Wesen (mit einem Fell wie ein Tier) mit Pferdeohren, Pferdeschwanz, Pferdebeinen und Pferdehufen, Natur-Mensch ohne Selbstbeherrschung, lüsterner, triebhafter, unkontrollierbarer Mensch)
Sanded: Von sandiger Farbe
Sardis: Hauptstadt Lydiens, in der Nähe von Sartmustafa, ca. 95 km östlich von Izmir, Türkei
Sarum: Salisbury in Wiltshire, Südengland
Satisfy: Sättigen, befriedigen, erfreuen, überzeugen, aufklären, einweihen, Zweifel ausräumen, zufrieden stellen
Savage: Wild, roh, ungehobelt, ungebildet, brutal, grob, heftig, unhöflich, undiszipliniert, ungezähmt, tierisch, barbarisch, scheußlich, grausam, unbändig, unkontrolliert
Savageness: Wildheit, wilde Grausamkeit, Scheußlichkeit, Ungezähmtheit
Saw: Sprichwort, Spruch, Redewendung, Motto, Maxime, Urteil, Säge, Handsäge, sägen
Say: Ein Name, Seide, feiner Wollstoff (franz. sergette), Probe, Geschmack, Würze, sprechen, meinen, reden, sagen, erwähnen, vermuten, erzählen, probieren, testen
Scaffoldage: Theaterbühne, Holzbühne
Scald: Ausdruck der Verachtung, abbrühen, verbrühen, schorfig, schuppig
Scale: Maß, Waagschale, Muschel, Schritt, messen, wiegen, heraufklettern, aufsteigen
Scaled: Bedeckt mit Schuppen, Schalen, Muscheln
Scall: Gemein, abscheulich, verachtenswert, schorfig, schuppig
Scamble: Sich balgen, klettern, ringen, kämpfen, abmühen
Scamel(l): Kleine, eßbare Schnecken mit spiralförmigem Gehäuse, die sich an Felsen klammern?, Fische?, Vögel, die auf Felsen brüten?
Scan: Prüfen, bedenken, beurteilen, erwägen, nachdenken über, deuten
Scant: Mangelhaft, unzureichend, kürzen, beschränken, widerstrebend bieten, verknappen, reduzieren, mißgönnen, meiden, einengen, sparsam, kaum, knapp, spärlich, dürftig, wenig, sparsam, mangelhaft, unzureichend,
Scantling: Muster, Probe
Scapes of wit: Witziger Einfall, Fehler
Scarfed: Mit Fahnen, Flaggen geschmückt
Scath(e): Zerstörung, Schaden, Unrecht, Verletzung, beschädigen, verletzen
Scathful: Schädlich, boshaft, mutwillig, zerstörerisch, verheerend
Scoggan, Schoggan: Siehe Skogan
Sconce: Bollwerk, Festung, Schädel, scherzhafte Bezeichnung für eine Kopfbedeckung, verächtliche Formulierung für einen Kopf, verstecken, schützen
Score: 20, Einschnitt auf einem Kerbholz. (Wie sie z. B. im englischen Parlament bis 1826 vom Schatzamt benutzt wurden, um Steuerzahlungen etc. zu notieren. Als diese exchequer tallies 1834 im Oberhaus verbrannt werden sollten, brannte das ganze Parlamentsgebäude ab, und wurde 1837 so wie es heute noch steht wiederaufgebaut.) Rechnung, Erinnerung, einkerben, einschneiden, einzacken, markieren, kerben, ankreiden, auf die Rechnung setzen
Score or two: 20 bis 40, three or four score = 60 bis 80, nine score and odd = ca. 180, nine score and seventeen = 197, twelve score = 240, Feuerschützen schossen auf diese Distanz von 240 Yards (914 m.), eight score eight = 168
Scotch: Oberflächlich, leicht, teilweise (ein-) schneiden, einritzen, schottisch
Scottish lord: Anspielung auf James I (Stuard) an dessen Hof 1605 das Stück aufgeführt wurde, er war zugleich König von Schottland
Scrimer: Fechtender Mensch
Scrip: Schriftstück, Liste, Verzeichnis, kleiner Beutel, Brieftasche
Scroyles: Vernachlässigte, dreckige, elende, schlechte, erbärmliche, schmutzige, faulige, verdorbene, übelriechende, räudige, an Krätze (Milben) leidende, von Armut heimgesuchte Gefährten, Kameraden, Begleiter
Scrull: Fischschwarm, Schädel

Scylla: Meeresenge von Messina, Sardinien. Nach Homer war Skylla eine Nymphe, die in ein sechsköpfiges Monster verwandelt wurde, und in einer Höhle in einer Felsenklippe am Meer bei Messina lebte. Dort lockte sie Seeleute an und verschlang sie
Scythian: Skyte, Osteuropäer, Mitglied der nomadisierenden Bevölkerung der südrussischen Steppe
Seal: Siegel, Zeugnis, Bestätigung, Zeichen, gesiegeltes Beglaubigungsschreiben, Beweis, Billigung, Versprechen, (be-) siegeln, versiegeln, verschließen, beenden, vervollständigen, bestätigen, sich entschließen, billigen, bescheinigen
Seam: Schweineschmalz, Fett, Naht, Saum, Ende
Sea-mell: Möwe
Sea of wax: Schreibtafeln der Antike, die mit Bienenwachs bestrichen waren. Mit einem Griffel konnten sie beschrieben werden, und mit einem Spatel wieder glatt gestrichen werden
Sear: Trocken, brennen, versengen, trocknen, verdorren, brandmarken, versiegeln, umwickeln, der Lebenskräfte berauben, verwelken, vertrocknen, als wertlos, schlecht markieren, verwelkt, verdorrt
Season: Alter, Zeit, Jahreszeit, passender Augenblick, Zeitpunkt, Konservierung der Lebenskraft, Heilmittel, würzen, abschmecken, aufwerten, geschmacklich verbessern, anrichten, zubereiten, abschmecken, reizen, den Gaumen kitzeln, etwas angenehmer gestalten, vergüten, mäßigen, mildern, reifen, erwachsen werden, vorbereiten
Seat: Sitz, Thron, Stuhl, Triumpfwagen, Aufenthalt, Wohnung, Besitz, Grundbesitz, Allodium, Lage, Aussicht, ansiedeln, festsetzer,
Sect: Sekte, Partei, Gruppe, Schicht, Klasse, Ableger, Pflanzenreis, Propf, Geschlecht
Seel: Einem Falken die Augenlieder zunähen, blenden, um ihn für die Jagd anzurichten zu können
Seem: Aussehen, Erscheinung, Äußeres, Verstellung, Heuchelei, täuschende Erscheinung, ähneln, so erscheinen wie, erscheinen, so aussehen wie, gleichen, erscheinen, zeigen, gesehen werden, täuschend aussehen
Seld: Selten. Eigentlich seldom
Semblably: Ähnlich, gleich, ebenso, so aussehen wie
Semiramis: Schamiram, Tochter der göttlichen Derketo, Frau von König Ninos. Geschichtliches Vorbild: Sammuramat, Frau von König Samsi-Adad V, Mutter von Adadnirasis III, nach antiker Vorstellung ein Beispiel für Kühnheit, Wollust und Grausamkeit. Hier jedoch eine Beschreibung der Derketo-Astarte (Istar) einer syrisch-phönizisch-semitischen Gottheit
Seniory: Alter, Ahne, Vorfahr, ranghöher
Sennet: Trompetensignal für eine Prozession
Senoy: Aus Siena, Toskana, Italien
Sense: Grund, Vernunft, Verstand, Sinn, Inhalt, einer der fünf Sinne, sinnliche Wahrnehmung, Gefühl, Geisteskraft, Empfindung, Empfindsamkeit, Verständnis, Rationalität, Bedeutung
Sensible: Gefühle, Empfindungen haben, fühlen, wahrnehmen, empfindsam sein, wahrnehmbar, gerecht, wohlwollend, gutmütig, berührbar
Septentrion: Norder, lateinisch: die sieben Drehochsen (Das Sternbild des großen Bären liegt in der nördlichen Himmelsregion in der Zeit von Oktober bis Dezember. Die Verlängerung der hinteren Achse führt zum Polarstern)
Sequestration: Trennung, Bruch, Abgeschiedenheit
Sere: Schloß einer Waffe, Feuerwaffe, verdorrt, trocken, verwittert, geröstet. Eigentlich sear
Serpigo, serpego: Suppeago, Sa(r)pego, Hautkrankheit bei der sich die Haut wie bei einer Schlange abschält (Blase, Ekzem, Hautausschlag, etc.)
Serve: Dienen, arbeiten, bedienen, auftragen, vorlegen, beschäftigt sein, tun, dienlich sein, bei Tisch bedienen, die Speisen auftragen, begleiten, Jemandem die Aufwartung machen, einen Zweck erfüllen, zur Verfügung stehen, befriedigen, behandeln, anbieten, liefern, benutzt werden
Serving-man: Geliebter, Anbeter, Fan, Anhänger, Diener
Sessa: Anfeuerungsruf bei der Jagd, beim Fechten
Sestos: Ort eines Aphroditetempels an den Dardanellen. Hero war hier Priesterin. Heros Licht wies ihrem Geliebten Leandros den Weg. Als die Leuchte eines Nachts erlosch, ertrank Leandros und Hero stürzte sich von einem Turm
Set: Satz, Garnitur, Spiel, Wettkampf, Sonnenuntergang, Teil, Bestandteil, setzen, pflanzen, errichten, aufrichten, sitzen, hinsehen, herausfordern, einstimmen, greifen, versuchen, sich widersetzen, unterbringen, verbinden, herabsinken, anfangen, beginnen, zusammenstellen, festsetzen, ernennen, bestimmen, geben, planen, aufstellen, postieren, aufs Spiel setzen, verursachen, bedingen, erfinden, hervorbringen, anspornen, anregen, aufhetzen, anstiften, schätzen, bewerten, lenken, die Augen schließen, besetzen, schreiben, aufschreiben, sich wenden an, mitteilen, versinken, anfallen, angreifen, eine Reise beginnen, eintragen, aufschlagen, eine Belagerung beginnen
Setebos: Mutmaßliche Gottheit der Indianer von Patagonien. Eine von Sycorax angebetete Kraft. Sycorax ist eine Hexe, die Mutter von Caliban
Set up his rest: Spieleinsatz beim Kartenspiel, alles auf eine Karte setzen, den Rest der Karten, die man noch hat, aufs Spiel setzen, fest entschlossen Etwas zu tun, sein Äußerstes wagen, alles dran setzen
Sevennight: Eine Woche. Seven wird auch als Begriff für eine unbestimmte Anzahl gebraucht
Seven stars: Die Plejaden bestehen aus einer Vielzahl von Sternen. Sieben davon sind jedoch sehr gut mit dem bloßem Auge zu unterscheiden. Deshalb sind die Plejaden, seit Alters her, als Sternbild bekannt (Himmelsscheibe von Nebra)

Several: Privat, Einzelne(r), Einzelheiten, Vielzahl, umzäunte Privatgrundstücke, Äcker, Weiden, im Gegensatze zur Allmende, getrennt, unterschiedlich, verschieden, besonders, einzeln, eigen, persönlich, vertraulich, geheim, jeweilig, entsprechend, mehrere....

Sewer: Abfluß, Kloake, Tafelmeister, Beamter, Offizier, Vorkoster, der das Geschirr auf den Tisch aufträgt

**`sfoot:** Abkürzung für God`s foot, ein Eid, Schwur, Fluch: bei Gott!, Himmelherrgottnochmal!

Shafalus: Gemeint ist wohl Kephalos, *siehe Procrus*

Make a shaft or a bol: Sprichwörtliche Redensart: Ich nehme das Risiko auf mich, ich mache der Sache so oder so ein Ende, ich erzwinge so oder so eine Entscheidung. Shaft ist ein spitzer, gefiederter Pfeil, bold ein stumpfer Pfeil für die Vogeljagd

Shame: Scham, Schmach, Schande, Vorwurf, Beschimpfung, Beschämung, Ungnade, beschämen, Vorwürfen aussetzen, der Verachtung preisgeben, schänden, sich schämen, entehren

Shard-borne: Mit harten, schuppigen Flügeln geboren, aufgestiegen aus einem Misthaufen / Scherbenhaufen. Ein hornbeschwingter Glühwurm (die Deckel der Flügel des Käfers)

Shards: Schuppige Flügel eines Käfers, Scherben von Töpfen, Ziegeln, Kacheln, Fließen

Shark: Etwas aufsammeln wie ein Hai seine Beute zusammensucht, gierig, das Maul nicht voll kriegen, etwas in unehrlicher und illegaler Weise zusammentragen, zusammenraffen

Sheen: Glanz, Schein, Strahlen, Glamour

Sheer: Pur, unvermischt, durchscheinend, klar, rein

Sheer-ale: Reines, unverschnittenes Bier, nichts als Bier. Während es in Deutschland seit der Einführung der Reinheitsgebotes für Bier üblich war auf Zusätze wie Bilsenkraut, Stechapfel und andere halozigene Drogen (Flugsalben) zu verzichten, wurde sonst dieser Brauch weitergeführt. Mit einem wahrhaft berauschendem Ergebnis und einem dementsprechendem Kater

Shent: Entehrt, beschämt, ausgeschimpft, ausgescholten, rauh, hart, streng, grausam tadeln. Eigentlich shend

Sheriff`s-post: Als Abzeichen seiner Würde wurden vor dem Amtssitz des Sheriffs zwei bunt bemalte oder geschnitzte Pfosten angebracht. Und es scheint auch Bänke, Sitzgelegenheiten für die Wartenden gegeben zu haben. Ein großes Plakat zum Anschlagen der Mitteilungen an der Tür zu seinem Amtssitze, des Bezirksamtmannes, Landrates (Chef der Verwaltung eines ländlichen Gebietes)

Shive: Scheibe, Schnitte, Stück

Shot: Schütze, Zeche bei einer Wirtschaft, abschießen, abfeuern

Shoughs: Erschütterungen, Stöße, Schläge, eine zottige, struppige Hunderasse (der Sloughi aus Nordafrika? Dieser Windhund war schon in der Antike bekannt. Er wurde als Hüte- und Jagdhund eingesetzt. Der Name könnte sich von der jemenitischen Stadt Saloug ableiten)

Shovel-board, shove-groat: Beilkspiel. Gesellschaftspiel mit vier roten und vier schwarzen, hölzernen Spielklötzen. Gespielt wird zu zweit oder zu viert. Die Spieler stehen sich gegenüber und versuchen ihre Klötze mit langen Stangen in die Felder der anderen Seite zu schlagen. Zudem wird versucht die Klötze des Gegners aus den Feldern zu schießen. Nachdem der erste Klotz geschlagen ist, darf der Gegner schießen. Nachdem alle Klötze geschlagen wurden, werden die Spielseiten getauscht und noch mal von vorne angefangen

Shrewd: Böse, schlecht, arg, trickreich, schlau, listig, verschlagen, verschmitzt, schelmisch, boshaft, schädlich, mutwillig

Shrieve`s fool: Geisteskranke mit geringem Vermögen, dem örtlichen Scheriff als Vormund unterstellt. Bei vermögenden Personen fiel deren Vermögen an den Staat, Krone

Shrift: Beichte, Geständnis mit der folgenden Vergebung

Shrive: Während einer Beichte Jemanden anhören und vergeben, die Absolution erteilen

Shroud: Schutz, Deckung, Leichentuch, Takelage eines Schiffes, decken, verbergen, schützen, in ein Leichentuch hüllen, Schutz aufsuchen, sich zudecken, in Deckung gehen

Shrovetide: Beginn des Karnevals, drei Tage vor Aschermittwoch

Shuffle: Sich eines Kniffes bedienen, tricksen, schwindeln

Shuttle: Weberschiffchen, mit dem das Garn durch die Kettfäden geschossen wird

Sicil, Sicilia, Sicily: Sizilien, Italien

Sicils: Sizilien und Neapel, Teile des Habsburgisch-spanischen Reiches

Sickle: Sense, Sichel, antike Bezeichnung der Griechen für den jüdischen Schekel. Eine Silbermünze von 1/60 Mine = 14g Gewicht

Sicyon: Sikyon, Hafenstadt bei Sikonia, nach der Zerstörung 303 v. Chr. im Landesinneren wieder aufgebaut, Südgriechenland

Side-sleeves: Lange, hängende Ärmel

Siege: Schemel, Hocker, Sitz, Platz, Stuhlgang, Kot, einen militairisch befestigten Platz belagern

Sight: Augenlicht, Sicht, Blick, Schauspiel, Augen, Anblick, Darbietung, Visier eines Helmes, Art und Weise des Ausschau haltens, sehen, schauen, betrachten, betrachtet werden

Sightless: Nicht sehend, blind, dunkel, unsichtbar, nicht zu sehen, beleidigend, anstößig, ekelhaft, häßlich, unansehnlich

Sign: Marke, Zeichen, Omen, Signal, Symbol, Sternbild, Vorzeichen, Halsstück einer Ritterrüstung als Vorzeichen für einen Kampf, Siegel, Geste, Vorhersage, Sternenkonstellation, Sternzeichen, vorhersagen, markieren, kennzeichnen, unterzeichnen

Silly: Einfach, ländlich, bäuerlich, unscheinbar, offen, klar, deutlich, unschädlich, unschuldig, hilflos, ärmlich, närrisch

Simois: Antiker Name des Dumbrek. Ein Nebenflüßchen des Skamander (Skamandros oder Xanthos, Schaum von Menschenhand). Heutiger Name Menderes. Bei Homer der Hauptfluß in der Ebene von Troja, an der Stadt vorbeifließend

Simony: Erwerb eines geistlichen Gutes, Pfründe, Kirchenamtes durch Kauf. Nach kanonischem Rechte ungültig und als kirchliches Delikt strafbar

Sincere: Ehrlich, aufrichtig

Sinew: Sehne, Nerv, Quelle der Stärke, Kraft, fest zusammenfügen

Single: Ungesicherter Schuldschein, schwach, dumm, schwachsinnig, ohne Doppelsinn, ohne doppelten Boden, ohne Täuschung, ohne Betrug abtrennen, auswählen, einzeln, einzig, einsam, einfach, einfältig, einmalig, ledig, allein, getrennt, bloß, ehrlich, verlassen, ausgesucht, aufrichtig, nur

Single opposition: Zweikampf, Tat, Leistung, Meisterschaft

Single-soled: Verachtenswert, gemein, ärmlich, gewöhnlich

Sink-a-pace: Tanz (cinque-pace) in fünf Schritten

Sinon: Vetter des Odysseus, verrät die Trojaner, und alarmierte die Griechen im Trojanischen Pferde als dieses nach Troja hineingezogen wurde. Die antiken Autoren waren sich jedoch über die Rolle Sinons uneins

Sir Dagonet: Narr am Hofe von König Arthus

Sir Guy: Legendärer Held aus Warwick, tötete den Riesen Colbrand

Sir-reverence: Vom Lateinischen salva reverentia bzw. von save your reverence. Mit Verlaub, mit Respekt. Möglicherweise auch als Schimpfwort (Dreck) benutzt

Sisters three: Parzen, die drei Schicksalsgöttinen, eine spinnt den Lebensfaden, die zweite übergibt das Schicksal, und die dritte zerschneidet den Lebensfaden

Sith: Seit, da, nach, seit dieser Zeit, danach, seit dem

Sithence: Darum, deshalb, seit, nach, da, als

Six-score: 120

Size: Zugeteilte Ration, Lebensmittel, Maße, Umfang, Größe, Form, Erlaubnis

Skains-mate: Lockerer, ungenauer, liederlicher Gefährte, Begleiter, Gesellschafter, Spießgeselle, Waffenbruder

Skimble-skamble: Wüst, phantastisch, zusammenhanglos, wild, unkultiviert

Skim-milk: Entrahmte Milch. Läßt man frisch gemolkene Milch stehen, so bildet sich eine Schicht Fett, Rahm auf ihr. Dieser wird mit einem flachen Löffel, Schaufel abgehoben um Butter, Quark oder Käse daraus herzustellen

Skinker: Wirt, Kellner, Jemand der alkoholische Getränke ausschenkt, serviert

Skirr: Scheuern, reinigen, hastig, eilig, hitzig reiten, fahren, sausen

Skogan, Skoggin: Hofnarr unter Edward IV (1442-1483), von Shakespeare an den Hof Heinrich IV (1367-1413) versetzt. Dabei verwechselte Shakespeare diesen wohl mit dem Dichter am Hofe Heinrich IV mit dem gleichen Namen

Slack: Nachlässig sein, lösen, verlangsamen, vernachlässigen, ermatten, dahin siechen, schmachten, nachlassen, zurückhalten, schlapp

Slave: Sklave, Schuft, Schelm, Halunke, Schurke, elende, unterste soziale Schicht, unterwerfen, versklaven

Sleave: Fäden, Strähnen, verknotete Seide auf einem Scherbaum, Rohseide, Kettfäden

Sledded: Schlittenfahrender (Pole), vielleicht aber auch pollax oder pole-axe (Streitaxt, großer Hammer)?

Sleeve-hand: Angeheftete Manschette

Slight: Ein Fluch: God`s light. Gottes Licht. Mit Verachtung strafen, nicht beachten, verachten, unbedeutend, kleinlich, verachtenswert, wertlos, nichtig, leichtsinnig, leichtfertig, vernachlässigbar, unbekümmert, unbedacht, substanzlos, leicht, geringschätzen

Slip: Falschgeld, Fehltritt, Fluch, Ausbruch, Fehler, Angriff, Pfropfreis, Veredelung, Vorrichtung, eine Jagd beginnen, ein Wettrennen beginnen, Vorrichtung aus Leder, mit der man zwei Windhunde zur gleichen Zeit ins Rennen schicken kann, gleiten, unmerklich vorbeiziehen, unbeobachtet vorbeiziehen, angreifen, vernachlässigen, unbeobachtet passieren lassen, nicht beachten, loslassen, ziehen lassen, entfliehen lassen, ausbrechen lassen

Sliver: Ast, Zweiglein, abbrechen, abreißen

Slop: Weite Kniehosen, weite Reithosen

Slough: Natternhemd ,die jährlich abgestoßene Haut einer Schlange, Sumpf, Moor, Suhle

Slubber: Etwas unbekümmert, nachlässig, ungenau tun, schluren, etwas verdunkeln, trüben, beschmutzen

Smirch: Mit Erde beschmutzt, besudelt, beschmiert, verdunkelt, verdreckt

Smite: Schlag, mit einem Schlage zu erreichen, einen Wurf, Sprung entfernt, fahren, schlagen, herunterbringen, herunterschlagen, runterdrücken, niederwerfen

Smulkin, Smolkin: Biblischer Teufel

Sneak-cup: Duckmäuser, Feigling, Schleicher, Angsthase

Sneap: Tadel, Verweiß, tadeln, hemmen, hindern, aufhalten, kontrollieren, prüfen, klauen, kneifen, zwicken, drücken, beißen, schneiden

Sneck-up, snick-up: Ausdruck der Verachtung (Häng dich selbst auf! Laß dich aufhängen!)

Snipe: Sumpfschnepfe, Bekassine, Einfaltspinsel, Dummkopf, Jemand der leicht zu betrügen ist, einfältiger, argloser, unerfahrener Mensch

Snuff: Verrußter Docht einer Kerze, Schwäche und Geistlosigkeit des Alters, hochnäsiges Benehmen, einatmen, duften, kürzen, wegschnippen, schnauben

Soil: Feld, Mutterboden, Fleck, Tupfen, Stelle, Makel, Grund, Land, Erde, Grafschaft, Boden, Lösung, Grundbesitz, beflecken, besudeln

Soiled horse: Ein Pferd in das frische Gras auf die Weide schicken, mit frischem Grünfutter gefüttert, Frühlingsgefühle hervorrufen, aufgeilen, aufreizen

Solely: Allein, einzig, einzigartig, einmalig, nur

Solicit: Werbung, erregen, aufregen, reizen, anhalten um, eine Bitte vortragen, um die Hand anhalten, bewegen, anfragen

Soliciting, solicitation: Liebeswerbung, ungerechtfertige, unangemessene Annäherung

Solidare: Kleine Münze. Möglicherweise abgeleitet von Solidus. Diese römische Goldmünze wurde bis ins 15. Jahrhundert geprägt. Der Solidus entsprach seit der Zeit der Völkerwanderung dem Schilling. Ausdruck für eine geringe Summe

Solyman: Name eines Sultans, türkisch für Salomon. Suleiman, Süleiman, Süleyman, Soliman. Suleiman I, Kalif aus der Dynastie der Omajaden (1403-1411), Suleiman II, nach türkischer Zählung der I, genannt der Große, bzw. der Prächtige (1520-1566)

Sometimes: Früher, jetzt und früher, von Zeit zu Zeit, manchmal, einstmals

Sooth: Wahrheit, schmeicheln, zustimmen

Sophy: Abbas I 1588-1629, persischer Schah

Sop o`the monnshine: Nachspeise, hier im Sinne von: ich prügel dich Windelweich! , wie einen eingetunkten Keks, ich mache Hackfleisch aus dir!

Sorel: Dreijähriger Hirschbock

Sorry: Ausdruck des Bedauerns, traurig, schlimm, wehe, schmerzhaft, scheußlich

Sort: Art, Sorte, Klasse, Ordnung, Stand, Rang, Güte, Set, Gesellschaft, Kompliziertschaft, Gruppe, Art und Weise, Los, Anteil, Posten, auslesen, ordnen, auswählen, aussuchen, erfinden, planen, anordnen, veranlassen, anpassen, vereinigen, verbinden, fügen, sich ereignen (sei es wie es ist), vorkommen, geschehen, gestalten, leistungsfähig

Sort and suit: Rang, Güte

Sot: Narr, Tölpel, Tolpatsch, Dummkopf

Soud: Nach Luft schnappen, schnaufen, stöhnen

Soul-fearing: Die Seele schockieren, das Fürchten lehren, erschrecken

Sound: Sund, Geräusche, Stimme, Musik, Worte, Schreie, herabstürzen, ausloten, versuchen, untersuchen, Lärm machen, mit einem Tusch ausrufen, Geräusche machen, musizieren, tönen, klingen, rufen, sprechen, ausrufen, erklären, untersuchen, behaupten, veröffentlichen, fehlerlos, makellos, nicht verfault, gesund, rechtschaffend, legal, wahr, zahlungsfähig, ganz, sicher, unverletzt, fest, richtig, gerade, gerecht, rechtsgültig, ehrlich, vertrauenswürdig, aufrichtig, tadellos, tugendhaft, stark, kräftig, dick, tief, ungestört, klar, schrill, gellend

Sowl: An den Ohren ziehen

Sowter: Name eines Hundes?

Span: Spanne (Der Abstand vom Daumen bis zum kleinen Finger), ausmessen, vermessen, bemessen

Span-counter: Kinderspiel (Hellerwerfen). Eine Spielmünze wird geworfen und kann von den Anderen gewonnen werden, wenn sie diese mit ihrer Münze treffen oder auf eine Entfernung von einer Spanne (Abstand zwischen der Spitze des Mittelfingers und der Spitze des Daumens) sich der ersten Münze nähern. Die Engländer hatten damals in Frankreich so reiche Beute gemacht, daß sich die Kinder beim Spielen statt der kleinen Kupfermünzen der erbeuteten französischen Kronen bedienten. Gemeint ist wohl die couronne dòr, die Hauptgoldmünze Frankreichs (seit Philipp von Valois 1328-1350 bis zum 17. Jahrhundert)

Spavin: Entzündung des Sprungelenkknochens beim Pferde (Spat), führt zu einer Lähmung

Specialty: Wesen, Vertragsklauseln, Rechtsvorschriften, die nicht überall in England galten, Partikularrecht

Speed: Schnelligkeit, Glück, Erfolg, Schutzgeist, Schutzengel, eilen, gehen, hasten, helfen, schützen, schnell erledigen, Glück haben, Erfolg haben, etwas ergehen lassen

Spenser: Edmund Spenser 1552-16.1.1599. Galt schon zu Lebzeiten als der bedeutenste Dichter seiner Zeit. Spenser orientiert sich an der klassischen komischen Dichtung. Die neunzeilige Strophe wurde nach ihm Spenserstanze genannt, und im 18. und 19. Jahrhundert nachgeahmt, unter anderem von Byron und Shelly. Spenser war auch als Beamter in der Politik tätig und tat sich insbesondere durch seine irenfreundliche Gesinnung hervor. Nicht zu verwechseln mit der alten englischen Familie *Spencer*!

Sperr: Etwas verriegeln, versperren, mit einer Stange, Stab abriegeln, einschließen, verschließen, einsperren

Sphinx: Nach damaliger Vorstellung verschlang die Sphinx jeden, der die von ihr aufgegebenen Rätsel nicht lösen konnte. Das bekannteste Rätsel: Was geht am Morgen auf vier Füßen, am Mittag auf zwei Füßen und am Abend auf drei Füßen? Der Mensch, als Säugling krabbelnd, als Greis mit Stock

Spite of spite: Allem Widerstande zum Trotze, komme was da kommen mag, sollen sie machen was sie wollen

Spit white: Schaumige, normale, gesunde Spucke, Speichel und sicher kein weißer Auswurf, ist hier gemeint. Auf das Fastaff niemals wieder durstig sei?

Spleen: Groll, Eifer, Feuer, Hitze, Heftigkeit, Haß, Bosheit, Gehässigkeit, Impuls, Laune, Anfall, Leidenschaft

Spoon-meat: Brei, Essen das gelöffelt werden mußte, Eintopf, Suppe, etc.. Wer es sich leisten konnte, aß Fleisch oder Fisch. Gemüse oder gar Brei, Suppen aus Getreide, altem Brote, Hafer, Blut, Innereien, Schlachtabfällen, etc. waren unbeliebt und eine Speise der armen Menschen

Spot: Makel, Schande, Schmach, Entwürdigung, Muster, Punkt, Markierung, gestickte Figur, ausschmücken, markieren, hervorheben, beflecken, verderben, beschmutzen, vergilben, bräunen

Sprag, sprack: Begabt zum lernen, talentiert, geschickt, schnell, lebhaft

Spread: Sich ausbreiten, sich zeigen, verraten, ausplaudern, verbreiten, sich verbreiten, ein Tischtuch ausbreiten, den Tisch decken und bedienen

Sprighted: Heimgesucht, verfolgt

Sprightly, spritely: Geisterhaft, gespenstisch, übernatürlich, belebt, lebhaft, munter, flink, begeistert
Spright, sprite: Geist, Seele, Laune, Stimmung, Lust, Wille, übernatürliche Erscheinung, Sinn, Gemüt
Springe: Dohne (Schleife am Boden in bogenförmig eingesteckte Rutenbügel befestigte, mit Ebereschenbeeren versehene Schlinge aus Pferdehaar zum Fangen von Schnepfen und anderen Vögeln)
Springhalt: Pferdekrankheit (Hahnenspat?, krampfhafte Bewegungen der Hinterläufe) Eigentlich Stringhalt
Spur: Reitersporen, Sporn, Ansporn, Antrieb, Anstiftung, Anregung, Baumwurzel, anspornen, anregen, aufhetzen, antreiben, schnell reiten, hasten
Square: Schwadron, Eskadron, die kleinste taktische Einheit bei der Kavallerie. Fünf Schwadronen (mit jeweils 150 Reitern) bildeten ein Regiment. Seit dem 16. Jahrhundert eine Bezeichnung für eine viereckige Stellungsform mit mehreren hintereinander stehenden Kompanien. Gesticktes Bruststück, Regel, Heer, Truppe, Ordnung, formen, anpassen, streiten, richtig, regulär, passend, quadratisch, viereckig, (ge)recht, angemessen, (ein)richten
Squarer: Streitlustiger Kumpan, Begleiter, Kamerad
Squash: Jugend, Junge, Bengel, Knabe, etwas Unreifes
Squiny: Einen Blick von der Seite auf etwas werfen (schielen)
Squire, squier: Viereck, Maßstab, Junker, Gutsbesitzer, Begleiter einer noblen Person, Person ähnlichen Ranges, vertrauliche Anrede aus Zärtlichkeit oder Verachtung
Staggers: Schwindel, Taumel, Verwirrung, Verwunderung, Ratlosigkeit, Hirnkrankheit, Pferdekrankheit
Stair-work: Kind der Liebe, natürliches Kind, Bastard, Hurensohn
Stale: Köder, Lockvogel, Hanswurst, Schlampe, Hure, Unglücksrabe, Schießbudenfigur, Pferdeurin, etwas Verschlissenes, Verbrauchtes, Geschmackloses, etwas schlecht ausführen, veraltet, verbraucht, verschlissen, abgestanden, entwertet
Stalking horse: Lebendes Pferd, bzw. eine entsprechende Atrappe, die von Vogelschützen als Sichtschutz, Versteck benutzt wurde
Stamford: Marktort in Lincolnshire, Mittelostengland
Stand: Halt, Widerstand,Gegenwehr, Standplatz, Aussichtsplatz, gemeinsame Sache machen mit, auf Distanz halten, außen vor sein, aushalten, trotzen, widerstehen, bestehen, standhalten, stehen, einen Platz einnehmen, schriftlich festgelegt, existieren, sich in einer bestimmten Verfassung befinden, helfen, unterstützen, bestehen auf, (sich) ausschließen, fernhalten, wegbleiben, durchstehen
Standing bowl: Schüssel, Becher (Trinkhorn) mit einer Standvorrichtung, Beinen
Stand upon points: Sich um Rechtschreibung oder Interpunktion Gedanken machen, sich um Kleinigkeiten kümmern, pingelig sein, kleinlich sein
Stannyal: Steinfalke. Eigentlich stannel oder staniel = (Turmfalke?)
Star: Sternförmige Narbe, Polarstern, Glücksstern, Stern
Star-chamber: Strafgerichtssaal in Westminster, London
Star-crossed: Vom Unglück verfolgt, von den Sternen mit Unglück bedacht, von einem Unglücksstern verfolgt
Star-gazer: Astrologe, zu Shakespeares Zeiten noch ein Fach, das man an der Universität lernen und lehren konnte. Das die Planeten etc. Einfluß auf die Menschen haben, war zu dieser Zeit eine selbstverständliche Annahme, die nicht in Frage gestellt wurde
Stark: Steif, starr, leblos, leichenstarr, vollkommen, ganz und gar
Starred: Vorherbestimmt, schicksalhaft
Starry: Gestirnt, mit Sternen übersät
State: Stand, Staat, Staatsvolk, Würde, Wesen, Höhe, Haltung, Gegebenheit, Bedingung, Umstände, Rang, Platz, Verhältnis, Kraft, Größe, Hoheit, Pomp, Adel, Prunk, Hofstaat, Thron, Stuhl mit Baldachin, Großartigkeit, Status, Regierung, Staatsmänner, Gemeinwesen, Öffentlichkeit, Rechtsstellung
Station: Haltung, Rang, Stellung, stehen, herumstehen
Statist: Staatsmann, Politiker
Statute-caps: Wollene Mützen, die seit einem Gesetze von 1571, von den Londoner Bürgern, an Sonn- und Feiertagen zu tragen waren
Staves: Stab, Stock Strophe, Standarte, Stange, Pfahl, Holzstangen der Lanzen (Waffen)
Stay: Aufenthalt, Fortdauer, Verzögerung, Unterstützung, Halt!, Kontinuität, stehen, ausharren, unterstützen, treffen, aufhören, bleiben, verzögern, abwarten, aufrecht erhalten, aufhalten, zurückhalten, beschränken, beenden, abhalten, standhalten, erdulden, verbleiben, bestehen, wieder kommen, zurück kommen, zurück holen, (sich) verspäten, verweilen, (sich) verzögern, trödeln, jemanden begleiten, auf jemanden warten, sich einer Sache unterziehen
Stead: Stelle, Platz, an Stelle von, anstatt, stattdessen, helfen, assistieren, benutzen, liefern, ersetzen, fördern
Step-dame: Stiefmutter
Sticking-place: Zapfen, Griff, Wirbel, Haltepunkt eines Saiteninstrumentes
Stickler-like: Wie ein Richter, Schlichter, Schiedsrichter, Kampfrichter Vermittler, Mediator handeln
Stigmatic(al), stigmatick: Mißgebildet, gezeichnet, entstellt, deformiert, behindert, von der Natur gezeichnet
Still: In Zukunft, für immer, trotzdem, zudem, beruhigen, befriedigen, entspannen, zum Schweigen bringen, still, ruhig, weiterhin, ständig, immer, ewig, immer noch, sogar jetzt, jetzt, anhaltend, beständig
Stint: Hemmung, Unterlassung, Behinderung, aufhören, hindern, hemmen, verkürzen, einschränken, beenden
Stith: Amboß. Eigentlich stithy
Stoccata, stoccado: Stoß beim Fechten, Treffer beim Fechten

Stock: Faußtstoß, Abstammung, Rasse, Stamm, Geschlecht, Treffer beim Fechten, enganliegende Strümpfe bis zum Knie (Mode der Renaissance), oder darüber, aus Seide, Baumwolle, Wolle, etc. Spanische Stiefel (Folterwerkzeug), in Spanische Stiefel einschnüren, Zeichen einer ländlichen, dummen Person, foltern, quälen, martern

Stomach: Stolz, Hochmut, Übermut, Magen, Verdauung, Appetit, Neigung, Zorn, Ärger, Groll, übelnehmen, verärgert sein

Stone: Stein, Steindenkmal, Juwel, Gemme, Spiegel, Edelstein, Donnerkeil, (Versteinerung), Samen von Steinfrüchten, Hoden, steinigen, härten, festigen, fest. Nach altem keltischen Brauche konnten nur Unschuldige die Probe durch einen Druiden bestehen, in dem sie in der Lage waren (große) Steine (Megalithen?) zu bewegen. Einige megalithische Anlagen sind so genau austariert, daß schon ein Kind in der Lage ist einen Deckstein eines Dolmen von vielen Tonnen Gewicht zu bewegen, d. h. den Stein zu wippen. So konnten die Druiden Einfluß auf ein Gottesurteil nehmen in dem sie den Beschuldigten auf eben jene Stelle, Möglichkeit hinwiesen, oder eben nicht

Stoop: Humpen, Maß, etwas mehr als eine halbe Gallone (ca. 2,27 Liter), nachgeben, unterwerfen, herunterstürzen, wie ein Raubvogel auf die Beute herunterstoßen, unterdrücken, erniedrigen, demütigen, bücken, sich beugen, gebeugt werden, krumm, schief, gewölbt, schräg

Stoup, stope: Humpen, große Weinflasche, Gefäß zum Servieren von alkoholischen Getränken

Stover: Gras, Heu, Stroh

Strachy: Wurde in der Folio-Ausgabe noch kursiv gedruckt, wie allgemein üblich bei Eigennamen. Strachy ließe sich auch vom italienischen stracci herleiten. Stracci sind Lumpen. La Signora degli Stracci ist eine hochmütige, veramte vornehme Dame, eine noch heute in Italien übliche Redewendung

Straight: Unverzüglich, sofort, unmittelbar, direkt, gerade, gerade heraus

Strain: Idee, Einfall, Gefühlsregung, Impuls, Wesen, Empfindung, Herkunft, Rasse, Abstammung, Familie, Lied, Ton, Note, Neigung, pressen, ausdrücken, strecken, ausdehnen, reißen, zerren, ziehen, filtern, abstimmen, etwas mit Nachdruck betreiben, erzwingen wollen, drängen, antreiben, zwingen, sich bemühen

Strait: Enge Stelle, Engpaß, Schwierigkeit, geizig, eng, schmal, knapp, schwierig, strikt, streng

Straited: Jemanden in Schwierigkeiten, Verlegenheit bringen, Jemandem Schwierigkeiten bereiten, Jemanden in die Enge treiben

Strand: Strand, Küste, Straßenname der modischen Schneider und ihrer Lehrlinge, Auszubildenden von London

Strange: Unbekannt, fremd, unbenutzt, unerfahren, ausländisch, entfernt, einzig, zurückhaltend, außergewöhnlich, nicht vertraut, neu, bemerkenswert, einzigartig, überraschend, wundervoll, sich so Benehmen, als wenn etwas Seltsames vorgefallen wäre

Strangely: Wundervoll, fremd, ausländisch, zurückhaltend, scheu, ungewöhnlich, überraschend, unbekannt, verwundernd

Strangeness: Schüchternheit, distanziertes Verhalten, Überraschung, Verwunderung

Stranger: Fremder, Ausländer, andere Menschen, Gast, unbekannter, unerfahrener Mensch

Strangle: Unterdrücken, erwürgen, erdrosseln, auslöschen

Stratagem: List, Trick, schrecklicher, furchtbarer Vorfall, Katastrophe, kunstvoller Kriegstrick, Kriegslist

Strict: Hart, streng, eng, nah, genau, penibel, grausam, den Regeln entsprechend

Striker: Dieb, Räuber, Beutelschneider, Gauner, Strauchdieb, Jemand, der schon für geringe Beute Andere niederschlägt

Strive: Um etwas kämpfen, wetteifern, sich bemühen, widersprechen, nacheifern, probieren, versuchen, widerstehen, streben, streiten

Stuck: Hieb mit einem Dolche beim Fechtduell (Stich- oder Stoßwaffe)

Stuff: Masse, Ursache, Grund, Werkzeug, Ding, Stoff, Gerät, Möbel, Güter, Reisegepäck, das Wesen einer Sache, das Wesentliche einer Sache, Verlust des Geruchssinnes in Folge einer Erkältung, ausstopfen, hereinpressen, reindrücken, vervollständigen, vollenden

Stygian banks: Ufer des Styx, nach der Vorstellung der antiken Griechen brachte ein Fährmann den Toten von dem Reiche der Lebenden ins Reich der Toten. Dafür wurde er mit einer kleinen Münze bezahlt, die dem Toten unter die Zunge gesteckt wurde

Sub-contracted: Zum zweiten Male verlobt

Submerged: Überflutet, von Wasser bedeckt, überschwemmt

Subscribe: Zustimmen, sich ergeben, einwilligen, unterschreiben, unterzeichnen und bestätigen, anklagen, gehorchen, seinen Respekt erweisen, garantieren, bürgen, zugeben, sich unterwerfen, sich fügen

Subscription: Gehorsam, Unterwerfung

Subtilty, subtlety: Täuschung, Tücke, List

Subtle: Glatt, ruhig, sanft, weich, dünn, fein, nett, eben, zart, schlau, listig, irrtümlich, gleichmäßig, waagerecht, kunstvoll, täuschend, heimtückisch, trügerisch

Success: Folge, Nachfolge, Erfolg, Glück, Ergebnis

Successive: Berechtigend, legitimierend, aufeinander folgend

Successively: In der Reihe der Nachfolger, Erben, in ununterbrochener Reihenfolge

Sudden: Heftig, gewalttätig, schnell, sofort, hastig, leidenschaftlich, jäh, unerwartet, plötzlich, unvorbereitet, unverzüglich, überstürzt, unzeitgemäß, unmittelbar, rasch, unüberlegt

Sufficiency: Fähigkeiten, Möglichkeiten

Suggest: Versuchen, verleiten, andeuten, einflößen, verlocken, verführen, zuflüstern, Jemanden veranlassen etwas zu tun, anstiften, zu Verstehen geben

Suggestion: Wink, Verführung, Versuchung, Hinweis, Tip, Anspielung, Andeutung, Verlockung, Veranlassung, Anstiftung Schlechtes zu tun, im Geheimen anspornen

Sullen: Traurig, düster, dunkel, trübe, trostlos, mürrisch, gereizt, jähzornig, reizbar

Summer-swelling: Anschwellen im Sommer, wachsen, aufblühen

Summoner: Gerichtsbote, Gerichtsvollzieher

Sumpter: Gepäckpferd, Lasttier für eine Reise

Superfluous: Im Überfluß lebend, mehr als genug, überflüssig, unnötig, üppig, überschwenglich, zu groß, unpassend

Superstitious: Abergläubisch, abergläubisch ergeben, abgöttliche Verehrung entgegen bringen

Sure: Kloake, Abfluß, Gully, geborgen, verlobt, unauflöslich verbunden, wissend, überzeugt, sicher, gefahrlos, gesichert, harmlos, fest, beständig, verbunden, verheiratet, unfehlbar, unzweifelhaft, fehlerlos, einwandfrei, geborgen, vertrauenswürdig, gewiß, vertrauensvoll

Surplice: In der anglikanischen Kirche üblicher weißer Chorrock (Überwurf) eines Priesters. Dieser wurde von den Puritanern abgelehnt, sie bevorzugten einen schwarzen Talar

Sur-reined: Bis zur Erschöpfung gerittenes, zuschanden gerittenes Pferd

Suspire: Atmen, Luft holen, geboren werden

Sutler: Händler von Lebensmitteln und Getränken in einem Militärlager

Swaggerer: Lauter, brüllender, schreiender Kampfgefährte, Kamerad, Begleiter

Swart: Schwarz, dunkelbraun

Swarth: Bündel Getreide, Gras (eine Schwade gemähtes Gras), verdorben, schlecht, düster

Swashing: Laut, tyrannisierend, schneidig, heftig, wild

Swath: Schwade, Bündel, (Menge an Gras, die mit einem Sensenschlag gemäht wird), das Kleid eines neugeborenen Kindes

Sway: Neigung, Lenkung, Leitung, Regierung, Herrschaft, Regel, grundlegendes Element, die Macht haben, das ganze Gewicht, Belastung, besitzen, beeinflussen, regieren, leiten, lenken, bewegen, bestimmen, gelenkt werden

Sweeting: Süße Apfelsorte, Ausdruck der Zuneigung

Swift: Bereit, fertig, schnell, flüchtig, kurz, schlagfertig

Swine-herd: Schweinehirt. Zu Shakespeares Zeiten wurden die Schweine insbesondere im Herbste zur Eichel- und Bucheckernmast in die Wälder getrieben. Schweinehirt war ein normaler, wenn auch nicht anspruchsvoller oder angesehener Beruf

Swinge-buckler: Wüstling, Lebemann, Aufrührer, Raufbold, Haudegen, Randalierer, Krawallverursacher, Tumultverursacher

Swithald, Swithold: Saint Wilhold, St. Vitalis, der Beschützer vor Alpträumen

Swoop: Herunterstürzen eines Raubvogels auf die Beute

Sword-and-buckler: Zu Shakespeares Zeiten bereits veraltet, und somit ein Zeichen für einfache und gewöhnliche Bewaffnung, ein Ausdruck der Verachtung, streitlustig, heruntergekommen

Sybilla: Sibylla (Herophile), antike Priesterin, der Apollo soviele Lebensjahre gewährte wie sie Sandkörner in ihrer Hand halte könne

Sycamore: Maulbeer-, Pharao-, oder Adamsfeige. Diese Baumart aus Ägypten und Ostafrika liefert gutes Holz z. B. für die Sarkophage der Pharaonen. Die Stämme können über 10 m Umfang erreichen, essbare Früchte. Oder sind ein Ahorn bzw. eine Platane mit ähnlichem Laube gemeint?

Sycorax: Hexe und Mutter von Caliban

Sylla: Lucius Cornelius Sulla (aus einer der ältesten Patrizierfamilien Roms), 138 - 78 v. Chr., schwang sich zum Diktator von Rom auf, beutete die Asiatischen Provinzen aus und gab 79 v. Chr. freiwillig die Diktatorstellung auf. Er ist sprichwörtlich für seine Grausamkeit

T

Table: Handballen, Handteller, Handfläche, Bild, Gemälde (Tafelbild), Malgrund, Schrifttafel, Papier, Notizbuch, Gesetzestafel, Tisch, Tischgesellschaft
Tables: Backgammon-Spiel
Tabourine: Kleine Trommel (Tamburin) mit Glöckchen, Schellen
Tag: Pöbel, Mop
Thereby hangs a tail: Sprichwörtliche Redensart: daran hängt eine Geschichte *tale*. Hier verbunden mit einem Wortspiele von *tail* und *tale*
Taint: Fleck, Makel, Fehler, Vertrauensverlust, Fäulnis, Versuchung, Entehrung, Entwertung, Verseuchung, Entartung, erfassen, ergreifen, berühren, beschmutzen, beflecken, besudeln, anstecken, beschädigen, verletzen, vorverurteilen, schwächen, beeinträchtigen, verderben, entehren, beschämen, angesteckt werden, verderbt werden, geschwächt sein, abgestanden, geschmacklos
Take-up: Widersprechen, zur Rechenschaft ziehen, besetzen, an sich nehmen, stolpern, tippeln, abfangen, ergreifen, fassen, sich aneignen, sich niederlassen, entleihen, borgen, Steuern erheben, schätzen, zählen, tadeln, rügen, versperren, verhindern, verstopfen, annehmen, sich zu Eigen machen, Truppen ausheben, Rekruten pressen
Talent: Gabe, Wert, Begabung, Silberbarren der Antike von großem Werte (ca. 26,2 - 37,2 kg)
Tall: Kräftig, dick, mutig, stark, robust, stattlich, hochgewachsen, tüchtig
Tallow-keech, -catch, -ketch: Fett eines Ochsen oder einer Kuh, vom Schlachter zu einem Talgklumpen geformt. Tallow-catch, tellow ketch = Talgfaß
Tame: Zähmen, unterwerfen, gezähmt, unterworfen, geduldig, herzlos, geistlos, dumm, kraftlos, harmlos, häuslich, gebräuchlich, zahm, vertraut, leidenschaftslos, mild, sanftmütig, bescheiden, unfähig, träge, freundlich
Watch him tame: Den Willen brechen durch Schlafentzug. Diese Methode wurde bei Jagdfalken angewandt, so wie sie heute noch bei Verhören und zur Folter angewendet wird
Tame-snake: Herzloser, geistloser, unsensibler, träger Mensch
Tarpeian rock: Tarpejischer Felsen am Kapitol in Rom, benannt nach der Familie Tarpeius. Ein Mitglied der Familie soll den Westhang heruntergestürzt worden sein. Verbrecher (Verräter) wurden diesen Felsen heruntergestürzt
Tarquin: Familienname der ehemaligen Königsfamilie. Lucius Tarquinius Superbus, 7. König von Rom von 534 - 510 v. Chr., besiegte die Volsker und die Latiner, er starb nach Vertreibung 495 v. Chr. in Kyme. 510 v. Chr. wurde das Königtum in Rom gestürzt
Tarre: Anregen, reizen, aufstacheln, aufhetzen, herausfordern, hervorrufen, erregen, aufregen
Tarsus: Tarsos, Ebene und Hafenstadt am Kydnos, 40 km westlich von Adana, Türkei. Hier wohl eine Verwechslung mit Tharros auf Sardinien
Tartar: Tatar, Mitglied eines der asiatischen Tatarenvölker, Wilder, Fremder. Tartarus ist in der griechischen Mythologie und bei Homer ein durch eiserne Pforten abgeschlossener, tiefer, finsterer Abgrund so weit unter der Erde, wie der Himmel über der Erde sich befindet, der Kerker der Titanen. Später wurde der Begriff für die ganze Unterwelt (Hölle) genutzt. Ebenso als Aufenthaltsort der Verdammten. Zeus stürzte seine Gegner in diesen Abgrund
Tartar limbo: Schundgefängnis
Task: Aufgabe, Auftrag, Arbeit, Werkzeug, beschäftigen, beauftragen, vorladen, herausfordern, befehligen, ausprobieren, testen, besteuern
Tassel-gentle: Habicht für die Falknerei, das um 1/3 kleinere Männchen des Hühnerhabichts, Wanderfalkens wurde terals genannt
Taurus: Tauros, Gebirgssystem in Kleinasien, römischer General, Sternzeichen des Stieres. Nach der Vorstellung der mittelalterlichen Astrologen stand dieses Sternzeichen in Verbindung mit dem Nacken, Hals und der Stimme. Der gehörnte Stier war zugleich ein Zeichen für Ehebruch
Tawdry: Ländlicher Halsschmuck aus Spitze, benannt nach der heiligen Ethelreda. Diese glaubte für das Tragen von Spitzenkrägen mit einem Tumor bestaft worden zu sein
Tawny: Gelblich-dunkel, bräunlich
Taxation: Tadel, Satire, Verleumdung, Anspruch, Forderung, Verpflichtung (Steuer), aufladen
Teen: Kummer, Trauer, Leid, Schmerz, Ärger, Qual, Pein
Telamon: Aias der Große, Vater von Ajax. König von Salamis, rettete die Leiche Achills, dessen Waffen dem Odysseus zugesprochen wurden. Aias beging daraufhin Selbstmord
Tell-tale: Klatschbase, Schluderhannes. Jemand, der boshafte oder schädliche Informationen über die Angelegenheiten anderer Leute ausbreitet, Jemand, der Klatsch und Tratsch verbreitet
Tellus: Römische Göttin des Saatfeldes, der Erde
Temper: Härte, Elastizität, Biegsamkeit, Flexibilität, Neigung, Laune, Beschaffenheit, Wesen, Temperament, Normalität, Verfassung, Gemütsart, wässern, befeuchten, durchnässen, erwärmen, härten durch Kälte, machen, veranlassen, sich mausern, die gewünschte Eigenschaft erreichen, beschaffen, bekommen, veranlassen, haben
Temperance: Ein Frauenname, angenehme Temperatur, mildes Klima, Vermittlung, Ruhe, Keuschheit
Tenantius: Britischer König, Vater von Cymbeline
Tend: Tendenz, gerichtet auf, zielen auf, steuern auf, warten auf, wenden zu, (dienst)bereit, aufmerksam, zuhören, bedienen, achten auf, sich kümmern um, begleiten, erwarten, huldigen, sich dem Lehnsgeber unterwerfen

Tender: Liebevolle Achtung, Rücksicht(nahme), Antrag, Angebot, Versorgung, Betreuung, zeigen, darbieten, anbieten, vorstellen, liebevoll behandeln, zärtlich, liebevoll, weich, nett, zart, milde, empfindsam, freundlich, zuvorkommend, leicht zu beeindrucken, verweichlicht, weibisch, verliebt, vernarrt, anrührend,
Tend ring: Mit Zärtlichkeit betrachten
Tenedos: Insel in der Nähe von Troja, Dardanellen, mit zwei Häfen. Auch Leukophrys, Kalydna oder Lyrnessos genannt
Tent: Zelt, Sonde zur Untersuchung einer Wunde, heilen, (unter-) suchen, sich niederlassen, seine Zelte aufschlagen, in einem Zelte wohnen, schützen vor
Tercel gentle: Männlicher Falke, *siehe Tassel-gentle*
Tereus: Thrakischer König, Ehemann von Prokne, vergewaltigt deren Schwester Philomela. *Siehe auch Philomel(a)*
Termagant: Die mutmaßliche Gottheit der Sarazenen (Araber, Mohammedaner), wütende, wilde, grausame Figur vieler mittelalterlicher Theaterstücke
Testern: Mit einem Sixpence (kleine Silbermünze) oder einem zwölf Pencestück (Tester, kleine Silbermünze) befriedigen, beschenken, erfreuen. Diese Silbermünze war während der Tudorzeit zwölf Pence wert, später sechs Pence
Testril: Sechs Pence Münze (Tester)
Tetchy: Empfindlich, heikel, gereizt, verärgert, zickig, schlecht gelaunt
Tewksbury: Stadt im Südwesten von England mit bedeutender Senfproduktion zu Shakespears` Zeit. Edward, Sohn von Heinrich V ., wurde bei einer Schlacht 1471 hier getötet
Thane: Schottischer Lehensmann (Graf)
Tharborough: Alter Titel für einen gewählten Bürgermeister, Friedensrichter, Landrat, Notar, Kirchenbeamten, Stadtpolizisten auf ein Jahr, städtischen Beamten, Zeugen einer Bürgschaft, Steuereintreiber (besonders des Zehnten). Eigentlich Thirdborough
Thebes: Theben, Hauptstadt Böotiens, Geburtsstadt des Herkules, Griechenland
Theorick, theorique: Theorie
Thew(e)s: Muskelkraft, Körperkraft, Leibeskräfte, Muskeln und Sehnen
Thick: In schneller Reihenfolge, rasch hintereinander, dicht, dick, umfangreich, vollgestopft, verdickt, schwer, getrübt, undurchsichtig, kurzsichtig, schwaches Augenlicht
Thick-pleached: Dicht zusammengewoben, verbunden, vermischt, verflochten
Thill: Deichsel einer Karre, eines Wagens, eines Fuhrwerks, einer Kutsche. Eigentlich jill
Thought: Gedanke, Idee, Plan, Meinung, Wesen, Charakter, Liebe, Trauer, Verzweiflung, Niedergeschlagenheit, Phantasie, Erinnerung, Erwartung, die kleinste denkbare Größe, denken, nachdenken, planen
Thracian: Thrakisch, vom süd-östlichen Balkan, nördlich von Griechenland, alle Völker der Balkanhalbinsel, des Nordostens des Balkans umfassend
Thrasonical: Prahlerisch, sich rühmend, stolzierend, angeberisch, Phrasen dreschend
Thread: Dünner Faden, einfädeln, passieren, durchschreiten
Three-farthings: Sehr dünne Silbermünze entsprechenden Wertes mit einem Portrait der Königin Elisabeth I und einer Rose hinter ihrem Kopfe. Es war am Hofe Elisabeth I Mode, sich Rosen hinter das Ohr zu stecken. Vier Farthings entsprechen einem Penny
Three-man-beetle: Ramme, die drei Mann tragen mußten, Schmiedehammer mit drei Griffen
Three-pile: Kostbarer, schwerer, kräftiger, feiner Samt
Threescore thousand: 60000 Soldaten
Three- suited: Ein Hofbediensteter der drei mal im Jahr neu eingekleidet wurde, und 100 Pfund Gehalt im Jahr erhielt. Das entspricht dem geringsten Entgelt eines Geschworenen. Also Jemand, der als extrem arm zu gelten hat, so wie heutzutage die Angestellten beim englischen Hofe auch, deren Lohn so gering ist, daß sie zudem Sozialhilfe in Anspruch nehmen müssen. Möglicherweise ist aber auch ein Geck, Dandy gemeint, der drei mal am Tage seine Kleider wechselt
Thrift: Wohlstand, Fülle, Erfolg, Sparsamkeit, Gewissen
Throe: Schmerzen, Qualen, Wehen, Schmerzen bereiten, quälen
Thrum: Die äußerlichen, groben Enden der Kettfäden eines Webstuhles
Thrumm`d, thrummed: Mit Fransen aus Kettfäden als Abschluß eines gewebten Textiles aus grober Wolle versehen
Tib: Jargonausdruck für eine einfache, gewöhnliche Hure. Abkürzung für Tabitha
Tice: (Ver-)locken, verleiten. Eigentlich entice
Tickle: Kitzeln, reizen, ärgern, vergelten, beweglich, kitzelig, unsicher, wackelig, frühreif, altklug
Tickle-brain: Hochprozentiges alkoholisches Getränk, etwas zu Kopfe steigendes (Schnaps)
Tick-tack: Spiel, das französische Tric-trac, ähnlich dem Backgammon. Scherzhafte, schlüpfrige Umschreibung für ein amouröses Abenteuer
Tight: Geschickt, seetüchtig, in guter Kondition
Thighly: Geschickt, ordentlich, fähig, tüchtig
Tilly-fally, tilly-vall(e)y: Unsinn, Blödsinn, sinnlose Worte. Ausdruck der Verachtung, Geringschätzung
Tilth: Landwirtschaft Ernte, bestellter Boden, Land urbar machen, beackern, pflügen, haushalten. Möglicherweise eine damals beliebte sexuelle Anspielung
Timeless: Vorzeitig, ungelegen, unpassend, unnatürlich
Tinct: Alkoholischer Auszug aus Kräutern, Früchten, etc. (Zaubertinktur), Farbe

Tire: Kopfbedeckung, Frisur, Möbel, kleiden, ausstatten, schmücken, zieren, überdrüssig werden, ermüden, ermüdet werden, müde sein, krank machen, erlegtes Wild zerteilen, von einem Greifvogel heißhungrig verschlingen lassen, zerreißen, herunterschlingen

Titan: Helios, Römischer Sonnengott. Gott der Wahrheit, jugendlich schöner, allessehender Gott mit Wagen und Pferden. Koloß von Rhodos

Tithe-death: Dezimierung. Militärische Strafe bei der jeder zehnte Soldat, unabhängig vom eigenen Verhalten, beim Abzählen standrechtlich erschossen wird. Wurde noch im 20. Jahrhundert ausgeübt

Tod: Einen großen Haufen Wolle, ca. 14 Kg, hervorbringen

Tokened: Gefleckt wie ein Pestkranker, ein dem Tode geweihter Mensch

Toll: Zoll, Steuern zahlen, Steuern erheben, Gebühren eintreiben, Gebühren zahlen, seinen Anteil einstecken, klingeln, läuten, die Totenglocke erschallen lassen

Tomboy: Hure, Dirne, Schlampe

Tomyris: Königen der Massageten, eines kriegerischen Nomadenvolkes des Altertumes. Diese lebten südlich des Aralsees

Topless: Überragend, übergeordnet

Topple: Fallen, stürzen, purzeln, taumeln, herunterstürzen, umstürzen

Touch: Sinn, Gefühl, Empfindung, Berührung, Geschlechtsverkehr, Liebe, Zuneigung, Test, Beweis, Federstrich, Pinselstrich, Charakterzug, Beigeschmack, Anschlag, Gewürz, Prüfstein für Gold. Das Metall wurde auf dem dunklen Steine entlang gestrichen, an der Farbe des Streifens, Abriebes konnte man den Goldanteil erkennen (Als Prüfsteine für Gold wurden z. B. Quarz, Jasper, etc. verwandt), geschickt handhaben, erwähnen, in Beziehung setzen, anrühren, verletzen, erregen, beteiligen, anstecken, bewegen, beeindrucken, gedenken, berühren, streicheln, anfassen, zu sich nehmen, einnehmen, probieren, schmecken, streifen, verletzen, schlagen, nähern, anlanden, an Land gehen, erreichen, prüfen, kunstvoll spielen, malen, formen

Toward: (kampf-)bereit, vorbereitet, gewillt, zur Hand, in Vorbereitung, in Erwartung, in Richtung, passend, begabt, kühn, keck, dreist, vorlaut, zielen auf, streben (nach), beitragen zu, zu, nach, gegen, für

Tower Hill: Gerüst am Tower of London an dem die öffentlichen Hinrichtungen zur Unterhaltung und Abschreckung des Volkes vorgenommen wurden

Toys: Schmuckstücke, Phantasien, Nichtigkeiten, Kleinigkeiten, Einbildungen, Spielerei, Tand, Laune, verrückte Einfälle, Ideen, spaßen, flirten, liebäugeln

Toze: Ziehen, zerren, reißen, zupfen, pflücken, rupfen, ausreißen

Trace: Zeichen, Signal, Spur, beschreiben, bezeichnen, (be)folgen, einer Spur folgen, jemandem nacheifern, durchstreifen, durchschreiten, nachspüren

Trade: Gewohnheit, Brauch, Sitte, Verkehr, Handel, Geschäft, Umtausch, Austausch, Handwerk, handeln, verkehren, verreisen, Geschäfte tätigen

Tradition: Gewohnheit, Brauch, Sitte, Überlieferung

Traditional: Alten Gewohnheiten, Bräuchen, Sitten folgend, altmodisch

Trail: Fährte, Spur, der Spur folgen

Tranect: Fähre, Trajekt

Translate: Verändern, verwandeln, erklären, erläutern, umformen, übersetzen, interpretieren

Trash: Ausdruck aus der Jagd, Hundeleine zum Zurückhalten von Hunden, Gerümpel, Plunder, Abfall

Travel, travail: Arbeit, Mühe, Plackerei, Reise, Wanderung, schlendern, bummeln, wandern, verreisen, arbeiten, sich abmühen, sich plagen, in den Wehen liegen, von einer Reise, Wanderung erschöpft sein

Traverse: Vorwärz! Hin- und Herspringen beim Fechten, Ausdruck des Militärs für eine militärische Übung. Seitengang beim Reiten. Das Pferd ist mit dem Kopfe in die Bewegungsrichtung, nach innen, gebogen. Der Hufschlag der Hinterhand wird durch den auswärtigen Schenkel in die Bahn gedrückt, und liegt dadurch einen Schritt im Inneren der Bahn

Traversed: Gekreuzt, kreuzweise, über Kreuz, übereinandergelegt

Tray-trip: Brettspiel für zwei Personen (Dame, Schach), oder ein Würfelspiel bei dem eine Drei gewürfelt werden mußte

Treacher, treacherer: Verräter, Betrüger, Untreue Menschen

Trey: Drei beim Kartenspiel, Würfeln

Trick: Spaß, Jemandem einen Streich spielen, Jemandes Pläne durchkreuzen, besondere Gewohnheit, gewohnheitsmäßiges Spielzeug, Kunstgriff, Ausdruck, Brauch, Charakterzug, Eigentümlichkeit, Eigenheit einer Person (Gesicht, Stimme, etc.), Berührung, Kniff, Dreh, List, Plan, Erfindung, Strategie, raffinierte, kunstvolle Vorrichtung, Scherz, Witz, Streich, unbedeutender Spaß, Kleinigkeit, etwas Geringfügiges, wappenkundlicher Ausdruck für eine Bemalung, etwas schmücken, herausputzen

Tricking: Kleider, Ornamente, Schmuck

Tricksy: Gescheit, klug, gewandt, geschickt, listig, clever, raffiniert, wunderlich, drollig

Trigon: Konjunktion der drei größten Planeten des Sonnensystems in den drei, das Feuer symbolisierenden Sternzeichen Widder, Löwe und Schütze

Triton: Muschelbläser Neptuns, gleichnamiger Fluß in Böotien, benannt nach Eurypylos, einem gefräßigen Untier, Seeungeheuer

Triumph: Triumphzug im antiken Rom, Sieg, Erhöhung, Pomp, Fest, Staatsakt, Maskenspiel, Feierlichkeit, Zechgelage, siegen, frohlocken, jubeln, prangen, protzen, triumphieren, fortbestehen

Trojan: Trojaner, trojanisch. Heuchlerischer Jargonbegriff für eine Person von zweifelhaftem Charakter (Dieb)

Troll: Stolpernder Gesang, trillern, fröhlich singen

Trol-my-dames: Spiel, das französische Troumadame, vergleichbar dem Roulette

Trossers: Ein Paar enge Knie- oder Reithosen

Trow: An etwas glauben, auf etwas vertrauen, etwas wissen

Troy(ant): Troja, an den asiatischen Dardanellen, Westtürkei

Truth: Ehrlichkeit, Aufrichtigkeit, Echtheit, Treue, Wahrheit, Wahrhaftigkeit, Unverfälschtheit, Glauben, Gutgläubigkeit, Reinheit, Wahrscheinlichkeit, Rechtschaffenheit

Tucket: Tusch, Trompetenstoß, Zeichen zum Aufsitzen

Tully: Marcus Tullius Cicero 3.1.106 - 7.12.43 v. Chr., römischer Redner und Schriftsteller

Tup: Bespringen, decken

Turband, turbonds: Turban, Kopfbedeckung der Mohammedaner über der roten Filzmütze

Turpitude: Bosheit, Gemeinheit, Niedertracht

Turlygo(o)d: Geisteskranker, Bettler. Verballhornung von Turlupin? Der Name einer Sekte von geisteskranken Bettlern aus Paris um 1600. Diese pflegten ihre religiösen Übungen unbekleidet zu verrichten. Oder vom gälischen Tuir-le-guid, ein hartnäckiger Bettler, welcher um Almosen fleht

Turn: Gang, Wande , Schicht, Wechsel, Schritt, Reihenfolge, Gelegenheit, Erforderlichkeit, Freundlichkeit, Gehässigkeit, durchsehen, formen, gestalten, umformen, (ver)wandeln, wenden, führen, (um)drehen, umkehren, entgegentreten, leiten, machen, bringen, stellen, werden, verändern, zurückdrücken, hin und hergehen, auf und ab gehen, in Schwung bringen, zurückkehren, zurückgeben, sich im Kreise drehen, umrunden, umdrehen, flüchten, entgegenstellen, die Richtung wechseln, sich verändern, seine Meinung ändern, abfallen, eine Richtung verfolgen, Nachsäuern von Milch, einen Weg einschlagen

Turnbull Street: Turnmill Street im Londoner East End in der Nähe Farringdons. Im Rufe bewohnt zu werden von Dieben und Huren

Turncoat: Wendehals, Überläufer, Jemand der seine Gruppe verläßt, der seinen Prinzipien untreu wird

Turquoise: Halbedelstein (Türkis)

Twangling: Schuft, Gauner (Ausdruck der Verachtung und Geringschätzung), schriller Ton, Lärm, klimpern

Twiggen: Wie ein Korb geflochten. Shakespeare schwebt wohl eine der auch heute noch typischen mit Stroh (Maisstroh) umwickelten, langhalsigen und bauchigen Weinflaschen vor. Der Knappe soll also so lange verprügelt werden, bis er durch den Flaschenhals hinein paßt, wie das Kamel durch das berühmte Nadelöhr

Tyed: Begrenzt, umschrieben

Type: Titel, Abzeichen, Krone, unterscheidbare Markierung, Zeichen, Emblem

Typhon: Typhoeus, ein Ungeheuer der Urzeit, ein Gigant halb Mensch, halb Tier. Vater vieler Monster, von Zeus mit einem Blitz während eines Kampfes erschlagen. Ruht unter der Erde, im besonderen unter Vulkanen

Tyre, Tyrus: Tyros, heute Sur, Sour, Libanon

Tything: Vagabunden, Vaganten wurden seit 1597 mit einer Peitsche von Gemeinde zu Gemeinde getrieben, bis sie ihre Heimatgemeinde erreichten. Teilung, Trennung eines Platzes, eines Bezirkes, eines Gebietes, einer Gegend, einer Gemeinde unter zehn freien Bauernfamilien (Landeigentümern)

U

Umber: Umbra (dunkel-gelb-braune Farbe)
Unaccustomed: Außergewöhnlich, ungewöhnlich, fremd
Unaneled: Ohne letzte Ölung
Unavoided: Unvermeidlich, nicht vermieden
Unbarbed: Unbedeckt, kahl, nackt, schutzlos
Unbated: Nicht abgestumpft, unvermindert, ohne Schutzkappe
Unbolt: Öffnen, erklären
Unbolted: Grob, ungeschliffen, grobschlächtig, ungesiebt
Unbonneted: Würdelos, ohne Dogenmütze (Krone), oder mit bedecktem Haupte, als Gleicher unter Gleichen?
Unbookish: Ungebildet, unwissend, ungeschickt
Unbreathed: Unerfahren, ungeübt
Uncape: Aufscheuchen, die Hunde loslassen, aus der Höhle, dem Bau scheuchen, ein Begriff aus der Fuchsjagd
Uncharged: Nicht angegriffen, nicht angefallen
Unclew, unclue: Vernichten, zurücklassen, erschöpfen, herauspressen, preis geben, loswickeln, abwickeln
Uncoined: Real, wirklich, tatsächlich, echt, ungeläutert, ungereinigt, ungebildet, unbeeindruckt, roh, ungeschminkt, unverstellt, unverfälscht, ungenützt, noch nicht im Gebrauche bei den Damen
Unconfirmed: Unerfahren, weltfremd, roh
Under generation: Gegensatz vom anderen Ende der Welt
Undergo: Erfahren, leiden, (er)tragen, durchstehen, genießen, unternehmen
Underhand: Täuschen, schwindeln, betrügen, verraten, auflauern, sich hinterhältig verhalten, persönlich
Under-skinker: Schankwirt, der alkoholische Getränke ausschenken darf, Kellner
Undertaker: Unternehmer, Vorkämpfer, Verteidiger, Jemand, der sich überall einmischt, Streit hervorruft
Underwrite: Gehorchen, unterschreiben, sich fügen
Under-wrought: Unterminieren, sabotieren, untergraben
Undeserving: Unwürdigkeit, unverdient, unwürdig, nicht wert, unwert
Uneath: Schwer, unbequem, schwierig
Unexpressive: Unaussprechlich, unaussprechbar
Unfolding star: Morgenstern, Venus, Zeichen zum Öffnen des Pferches. Scheint die Venus östlich der Sonne zu stehen, so ist sie als Abendstern sichtbar, scheint die Venus westlich der Sonne zu stehen, so ist sie als Morgenstern zu sehen. Ihre Helligkeit schwankt entsprechend ihrer Entfernung von der Erde, sie kann bei günstigen Verhältnissen auch tagsüber gesehen werden, auf jeden Fall aber während der Dämmerung
Unhappy: Unglücklich, unheilvoll, schlecht, verdorben, verschlagen, trickreich, unselig, arm
Unhoused: Heimatlos, obdachlos, ungebunden, frei, ungezwungen von häuslichen Pflichten
Unhouseled: Nicht das Sakrament empfangen haben (die katholische Kirche kennt sieben Sakramente: Taufe, Firmung, Altarsakrament, Buße, letzte Ölung, Priesterweihe, Ehe, nach der katholischen Lehre bewirken die Sakramente die göttliche Gnadenspendung)
Unimproved: Unerfahren, unwissend, ungenutzt, ungelernt, roh, wild
Union: Verbindung, Ehe, Vereinigung, außergewöhnlich kostbare Perle
Unkind: Nicht der Natur, der Eigenart entsprechend, kinderlos, ohne Nachkommen, unfreundlich, lieblos
Unmastered: Ungezügelt, unkontrolliert, hemmungslos
Unpregnant: Ungeeignet, gefühllos, desinteressiert, nicht geschäftstüchtig
Unproper: Gemein, gewöhnlich, unanständig, unsittlich
Unqualitied: Seiner Fähigkeiten, Talente, Gaben, Männlichkeit beraubt
Unquestionable: Menschenscheu, kontaktscheu, einem Gespräche mit jemandem aus dem Wege gehen
Unready: Unbekleidet, noch nicht fertig angezogen
Unrespective: Unaufmerksam gegenüber den Konsequenzen, Folgen, respektlos, rücksichtslos, zufällig
Unrough, unruffle: Bartlos, rasiert, sanftgesichtig, glatt, sanft, ohne Bartschatten (Milchgesicht)
Unsisting: Stehts offen, niemals ruhend, unveränderlich
Unsmirched: Unbeschmutzt, unbefleckt
Unsqaure(d): Unangepaßt, unangemessen, ungeeignet
Unsta(u)nched: Unersättlich, geil, tröpfelnd, leck, undicht, feucht wie ein junges Mädchen
Untempering: Nicht mäßigend, nicht mildernd, nicht rührend, nicht weich werden, erfolglos, nicht gewinnend
Untraced: Einzigartig, ungewöhnlich, ungebräuchlich
Untrimmed: Unbekleidet, nackt, entkleidet, entblößt
Untruth: Verrat, Untreue, Falschheit
Unvalued: Unschätzbar, ungeschätzt, unbewertet, gewöhnlich, ungewürdigt
Up-spring: Wilder Tanz mit lebhaften Sprüngen, Parvenu, Emporkömmling, Neureicher
Urchin: Igel, Elfen, Kobolde, etc., als nachtaktives (Tageslichtscheues) Tier gilt der Igel als verdorben
Usance: Wucher, Zins und Zinseszins
Use: Benutzung, (Ge)brauch, Gewinn, Vorteil, Not, Nutzen, Dienst, Sitte, Tradition, Übung, Interesse, Bedeutung, Besitz, Zinsen, Manieren, Art und Weise, benutzen, gebrauchen, tun, (be)handeln, anwenden, veranlassen
Usurer`s chain: Schwere goldene Ketten die damals unter Londoner Bürgern Mode waren. Zugleich eine Anspielung darauf, daß diese Bürger Geld gegen (Wucher-) Zinsen verliehen hätten, Geldverleih gegen Zinsen war damals Christen verboten und galt als entehrend. Nur den Juden war dieses erlaubt
Utis: Lustige Feier, Festspiel. Ursprünglich eine Frist von acht Tagen nach einen Feste. Vom französischen huit

V

Vail: Untergang, sich bücken, fallen lassen, etwas herunterlassen, (sich) (ver)beugen, beugen, neigen, (ver)senken, untergehen, (ab)sinken, versinken, absetzen, huldigen

Vain: Leer, nichtig, nutzlos, unbefriedigend, närrisch, dumm, unklug, wirkungslos, eingebildet, trügerisch, eitel, unwahr, fehlerhaft

Valance: Am Rande mit einem Bart (Fransen) versehen

Valentine, Valentinus, Valentino, Valencius: Ein Name. Nach dem Volksglauben paaren sich die Vögel am St. Valentinstag (14.2.). Auf dem Lande entwickelte sich daraus die Sitte am St. Valentinstag durch Lose Liebespärchen zu bestimmen, und damit die Verheiratung vorzubereiten

Validity: Stärke, Effizienz, der Wert einer Sache, Person etc.

Vambrace: Armschiene, Teil der Ritterrüstung

Van: Vorhut, Vortrupp. Eigentlich vanguard vom französischen: avantgarde

Vanity: Leere, Nichtigkeit, Leichtfertigkeit, Täuschung, Illusion

Vantage: Vorteil, Chance, Bequemlichkeit, günstige Gelegenheit, Überlegenheit, Profit, Gewinn, Verborgenheit

Vantbrace: Armschutz, Teil der Rüstung eines Ritters

Varlet, Varlot: Spitzbube, Gauner, Diener eines Ritters (Knappe), Infanterist (Fußsoldat)

Vase: Abfall, Müll, trostlos

Vaunt: Anfang, Prahlerei, rühmen, prahlen, stolzieren, sich rühmen

Vaward: In der ersten Reihe, Vorhut, Anfang, erster Teil. Eigentlich wanward?

Velure: Samt

Venetian admittance: Ventianischer Kopfschmuck. Nur mit diesem, der aktuellen Mode entsprechenden Stück, konnte man sich am Hofe sehen lassen, bzw. darauf hoffen, von dem königlichen Gefolge vorgelassen zu werden. Ohne den passenden Chic hatte man keine Chance sein Anliegen vortragen zu dürfen

Venew, venue, veney: Wettkampf beim Fechten, Schritt beim Spiel mit Waffen

Vengeance: Unheil, Schaden, Unfug, Strafe, Rache, Wiedergutmachung

Vent: Spalte, Ritze, Gerücht, Äußerung, Austritt, Loch, Unbeschränktheit, Erguß, Hemmungslosigkeit, rausbringen, ausatmen, von sich geben, äußern

Ventages: Spiellöcher, Luftlöcher bei einer Flöte

Venys: Treffer, Schlag beim Fechten

Verbal: Deutlich, derb gesagt, wörtlich, mündlich, gesprochen, gesagt, direkt, unüberlegt, offen

Verify: Unterstützen, bestätigen, behaupten

Very: Wahrhaftig, wirklich, vollkommen, sehr, ganz, vollständig, rein, lauter, bloß, fast, gerade, genau

Vestal: Vestalinische Jungfrau, Vestalin. Es gab sechs Priesterinnen der Vesta im antiken Rom. Diese genossen bedeutende Ehrenrechte, sie hatten keusch zu leben und das heilige Feuer im Tempel in Gange zu halten. Ihre Eltern mußten freie römische Bürger sein. Aufgenommen wurden 6 - 10 Jährige, die sich auf 30 Jahre zum Dienst verpflichten mußten. Keusch, jungfräulich

Via: Vorwärz!, Los!

Vice: Narr, Tölpel, Hanswurst, Tolpatsch in einem alten, einfachen Theaterstück, Schraubstock, Sünde, Fehler, Laster, gewohnheitsmäßiges Übertreten von moralischen Verpflichtungen, schrauben, pressen

Videlicet: Nämlich

Vie: An einem Wettkampfe teilnehmen, ein Konkurrent sein, einen Konkurrenten haben, um etwas kämpfen, um etwas wetteifern, etwas entgegenstellen

Viol-de-gamboys: Viola da gamba, Gambe, Kniegeige, tiefer gestimmt als eine Geige und lauter, auf der aber auch hohe Töne gespielt werden konnten

Virago: Amazone, kämpferische, streitlustige, zänkische Frau. (Der Name ist der Vulgata entnommen) Lebten der Sage nach im Norden Kleinasiens, knechteten ihre Männer und kümmerten sich nur um ihre Töchter

Virginalling: So tun als spiele man auf einem Virginal, Spinett, Keilklavier (Frühes Tasteninstrument bei dem die Saiten mit einem Federkiel gezupft werden), mit den Fingern spielen

Virginius: Lucius Verginius tötete seine Tochter Virginia, der Decemvir Appius Claudius den Hof machte (sie vergewaltigte ?). Lucius Vergenius verklagte ihn und wiegelte das Heer gegen ihn auf

Virtue: Tapferkeit, Tugend, Kraft, Macht, Güte, Wert, Tüchtigkeit, Wesen

Virtuous: Tugendhaft, gütig, kräftig, mächtig, tapfer, wohltätig

Vixen: Streitlustiges Mädchen, Emanze, Suffragette. Eigentlich Fähe (weiblicher Fuchs)

Vizaments: Beratungen, Unterweisungen, Belehrungen

Volquessen: Vexin, Bezirk bei Rouen, Nordwestfrankreich

Volscian, volcian, volcean: Zu dem Volke der Volsker (Volsci) gehörend. Die Volsker sind ein italischer Stamm aus dem oberen und mittleren Liristal in der nähe Roms. Die Volsker traten zuerst den Römern entgegen, und wurden dann von diesen überwältigt und zu ihren Bundesgenossen gemacht

Voluntary: Freiwilliger, freiwillig, sich freiwillig melden, aus eigenem Antriebe, einer inneren Eingebung (Laune) folgend, bereit, willig

Votarist: Jemand, der etwas demütig erbittet, erfleht, um eine Gnade bittet, durch Gelübde gebundener Mönch

Vouchsafe: Etwas gewähren, geruhen, gnädig sein, sich herablassen, untertänigst entgegennehmen, gestatten

Vulgar: Pöbel, einfaches Volk, Dialekt, Volkssprache, Mundart, gemein, gewöhnlich, allgemein, niedrig, häufig, alltäglich, öffentlich, pöbelhaft

Vulgar heart: Öffentliche Meinung, Stimmung, das Ansehen der breiten Masse

Vulgarly: Allgemein bekannt, öffentlich, vor aller Augen

Waft: Einen Blick werfen, umdrehen, zuwinken, werfen, versenden, verschicken, wenden, begegnen, stoßen, sich gegenüber stehen, konfrontiert

Wage: Wagen, wetten, versuchen, ringen, kämpfen, ersetzen, wiedergutmachen, aufwiegen, abfinden

Wagtail: Bachstelze, Bezeichnung für einen Frechdachs, etc.

Wain: Karren, Wagen

Waist: Mitte, Gürtel, Taille, Mittelteil eines Schiffes

Walk: Allee, Weg, Gang, Bahn, Bezirk, Gegend, Gebiet in einem Walde, Park, Garten, Rundgang eines Paares bei einer Maskerade, tanzen, gehen, wandern, bewegen, kommen, herumgehen, zurückziehen, weggehen, schlafwandeln, wie ein Geist umherirren, schweben, sich kleiden, leben, nach den eigenen Vorstellungen leben, sich Selbst verwirklichen, passieren, durchmachen, dahinschreiten

Wan(n)ion: Krankheit, Rache, Strafe, Prügel

Wanton: Verweichlichter weibischer Junge, Schelm, Wildfang, lüsterne, schlüpfrige Frau, spielen, spaßen, schäkern, flirten, scherzen, vergnügt, ausgelassen, leichtfertig, verspielt, sportlich, locker, leicht, gereizt, verärgert, luxuriös, anspruchsvoll, üppig, lustvoll, lüstern, schlüpfrig

Wappened: Verfault, verfallen, schal, verbraucht, abgestanden, verschlissen

Ward: Behüter, Beschützer, Wache, Schutz, Mündel, Haft, Gefängniszelle, Türriegel, Stadtviertel, unter Bewachung stehen, Verteidigungshaltung beim Fechten, beschützen

Warden: Backbirne

Warder: Aufseher, Wächter, Wärter, Posten, Feldmarschallstab

Ware: Handelsgut, gewahr werden, sich bewußt sein, aufmerksam sein, achten auf, achtgeben, sich vorsehen. Stadt in Hertfordshire, Südostengland. Siehe auch *Bed of Ware*

Warming-pan: Ein kupfernes oder Messingbehältnis mit Luftschlitzen und einem langen Stiele. Darin wurden glühende Kohlen, Holzscheite aus dem Ofen, Kamin, Herd gelegt. Mit der heißen Bettpfanne wurden dann im Winter in den unbeheizten Schlafräumen, Alkoven die Federbetten erwärmt, bzw. die klamme Bettwäsche erwärmt und getrocknet. In England sind noch heute die Schlafzimmer grundsätzlich nicht beheizbar

Warn: Auffordern, warnen, melden, vorladen, zu sich bestellen

Warren: Wildgehege, Park, Zoologischer Garten

War`s prize: Beute, Gewinn, Prise

Washes: Watt, Küstenstreifen der Nordsee vor der Küste von Ostengland

Washford: Wexford in Leinster, Südostirland

Waspish-heated: Reizbar, bissig

Wassels: Treffen voller ländlicher Heiterkeit und Fröhlichkeit. Eigentlich wassail? = Gelage

Wasteful: Freigiebig, verschwenderisch, im Überflüsse lebend, zerstörerisch, verderbend, verheerend

Watch: Wache, Wachhaus, Beobachtung, Aufmerksamkeit, Wachsamkeit, Wachtposten, Wächter, Wärter, Aufseher, Wachschicht, Zeit, Stundenglas, eine mit Markierungen versehene Kerze zur Bestimmung der vergangenen Zeit, Uhr, Minutenangabe auf einem Ziffernblatt, Taschenuhr, Schlaflosigkeit, wachen, wachsam sein, bewachen, aufmerksam sein, bereit sein, wachsam sein, auf dem Posten sein, wachhalten, beobachten, warten, erwartungsvoll ausharren, Wache halten, im Auge behalten, erwarten, verwirren, überraschen

Water-rat: Gemeint ist wohl die europäische Hausratte, deren Flöhe die Pest übertrugen. Oder die Wanderratte, welche spätestens im 18. Jahrhundert aus Asien einwanderte. Diese verdrängte die europäische Hausratte und befreite Europa von den regelmäßig wiederkehrenden Pestepedemien

Water-work: Wasserfarben (Aquarell), Tempera, Gouache

Wax: Bienenwachs, Siegelwachs (Siegellack), Wachstum, so schön wie in Wachs modelliert, wachsen, vermehren, werden

Waxen: Zunehmen, groß werden, vermehren, anwachsen, vergrößern, knetbar, weich, wächsern, durchdringbar, leicht zu beeindrucken

Wealth: Gesundheit, Wohlstand, Wohlfahrt, Reichtum

Wear: Mode, bei der Hand, am Mann, tragen, bei sich haben, zerstören, verbrauchen, verschwenden, abnützen, erschöpfen, in sein, modisch, chic, dem Zeitgeschmacke entsprechend, sich anpassend, schwinden, altern, vergehen, vergessen

Web: Gewebe, Augenkrankheit (Grauer Star?), Eintrübung des Glaskörpers des Auges?, heiraten, verheiraten

Weed: Kleidung, Unkraut, ausreißen, entfernen, zerstören, befreien, säubern, jäten

Ween: Irriger Weise denken, vorstellen, gedanklich ausmalen, glauben, hoffen, wähnen

Weet: Wissen, kennen

Weigh: Gewicht, Eichgewicht, Maß, Grad, Schwere, Last, Wichtigkeit, Konsequenz, abwägen, wägen, bedenken, sich kümmern um, beachten, schätzen, Gewicht haben, Wert haben, dem Gewichte entsprechend, schwer wiegen, drückend lasten, schwer lastend, einen Anker lichten

Welkin: Himmel, himmelblau, himmlisch

Well-found: Erprobt, bestätigt

Well-liking: Drall, mollig, korpulent, kräftig, dick, wohlgenährt

Wend: Gehen, weggehen

Whales-bones: Es handelt sich wohl um ein Sprichwort der Zeit. Möglicherweise aber auch um eine kleine boshafte Anspielung. Elfenbein verfärbt sich leicht und wird dann gelblich bis bräunlich. Eine Anspielung auf künstliche Zähne? Oder es ist statt dem echten Elephantenelfenbein etwa solches vom Walroß oder anderen nordischen Meeressäugern gemeint

Wheeson: Pfingsten

Whelked: Mit Beulen, Pusteln, Knötchen, stumpfen Vorwölbungen überzogen, überdeckt, gegürtet

Whe`r: Ob

Where: Während, da, wo, wann, wo auch immer, woher

Whiffer: Der einen Zug anführende Offizier, Taktgeber, Ordner

Whiles: Bis, während, seit, wann, wenn, als, so lange wie, zur gleichen Zeit

Whip: Peitsche, Peitschenhiebe, Gewissensbisse, (aus)peitschen, treiben, zügeln, (hervor)schießen, züchtigen

Whipstok: Stiel, Griff einer Kutscherpeitsche, Fuhrmannspeitsche

Whirr: Einen Ort schnell verlassen, sausen, fliehen mit zischendem Tone

Whist: Stille!, Ruhe!, Ruhe bitte!, Psch!, Schsch!

White-death: Blutarmut junger Mädchen. Häufige Erkrankung, führte zur blaßgelblichen bis grünlichen Hautfarbe

Whiting-time: Sommerzeit in der die Wäsche gebleicht wurde (Leinen)

Whitster: Leinenbleicherin, Rohleinen wird mit Wasser und Sonnenlicht gebleicht

Whittle: Kleines Klappmesser mit Scheide, Futteral, am Gürtel getragen, Taschenmesser

Whoop: Metallreifen, Ausruf der Überraschung, Verwunderung, Ring, Geschrei, einkreisen

Whore of Babylon: Biblisches Symbol, hier stehend für die Entartung des späten Roms

Wicked bastard of Venus: Cupido, Gott der Liebe. Sohn von Venus und Merkur. Er schießt mit verbundenen Augen seine Liebespfeile ab

Wide: Großräumig, geräumig, sperrangelweit auf, offen, offensichtlich, weit, breit, groß, weitläufig, umfangreich, nicht zur Sache gehörend, weit vom Ziel entfernt

Wilderness: Wildnis, Wüste, Einsamkeit

Will: Wille, Neigung, Befehl, Wunsch, göttliche Vorherbestimmung, Verlangen, Wollust, Sinnlichkeit, Testament, Anlage, guter Wille, gute Absicht, Wohlgefallen, zu Befehl, zur Verfügung, Verkleinerung von William, wünschen, sehnen, sich fügen, einwilligen, zustimmen, freiwillig, anordnen, bestimmen, befehlen, wollen, verlangen, einladen, vorladen, ersehnen, fordern, beanspruchen, Anspruch erheben, vorgeben, heucheln, vortäuschen, zufrieden, geneigt, sehnsuchtsvoll, erfreut, bereit, beglückt, befriedigt

Wimple: Kaputze, Haube, Schirmkappe, Schleier zum Bedecken der Augen

Winchester: Stadt in Hampshire, Südengland

Wincot: Wilmecote, Dorf oder Gehöft in der Nähe von Stratford, Westmittelengland

Windgall: Windgalle, Erkrankung von Pferden, Geschwulst am Knie- oder Fesselgelenk, verursacht eine Schwellung oberhalb des Hufnagels

In at the window: Sprichwörtliche Bezeichnung für eine Zeugung außerhalb der Ehe

Winking-gates: Geschlossen, verschlossen

Win me and wear me: Sprichwort: der Bär muß erst erlegt sein, bevor man ihm das Fell abziehen kann

Winter-ground: Vor dem rauhen, kalten Winter schützen, mit Reisig bedecken

Wis: Wissen, kennen, gewiß, sicherlich

Wish: Wunsch, wünschen, sehnen, fragen, einladen, befehlen

Wit: Geist, Verstand, Urteilsvermögen, Genius, Phantasie, Gedächtnis, Weisheit, Witz, Spaß, geistreich, wissen

Witch: Hexe, Zauberer, bezaubern, verzaubern, entzücken

Witty: Schlau, listig, raffiniert, vernünftig, klug, geistreich, witzig, trickreich, voller angenehmer Phantasien

Woman-tired: Unter dem Pantoffel stehen (Ehemann, der seiner Ehefrau gehorchen muß, Pantoffelheld)

Woncot, Woodmancote: Wilmecote, Dorf oder Gehöft in der Nähe von Stratford, Westmittelengland

Wondered: In der Lage Wunder zu vollbringen, wundertätig

Wonder-wounded: Starr vor Überraschung, Verwunderung

Wood: Wald, Holz, wild, rasend, wahnsinnig, verrückt

Woodbine: Geißblatt, (Je länger, je lieber), Waldrebe (Clematis), Trichterwinde

Woolward: In Wolle gekleidet wie ein Büßer, Pilger oder Sträfling (einfache, schmucklose Kleidung)

Woosel-cock: Männchen der Schwarzdrossel

Word: Wort, Parole, Motto, Devise, Sprache, Schlagwort, Gespräch, Versprechen, Zusicherung, Rede, Mitteilung, Kommunikation, Information, Ausruf, Befehl, Schrift, (aus-)sprechen, reden, erscheinen lassen, für etwas stehen, ausdrücken, schmeicheln, mit Worten verlocken

To go to the world: Heiraten

Wormwood: Wermuth, in Europa ein weitverbreitetes Unkraut, dessen bitterer Geschmack sprichwörtlich ist. Wermuth wurde in Frankreich um 1900 in starkem Maße von vielen Malern als hallozigene Droge benützt (Absinth). Hauptwirkstoff des Absinthes ist Thujon. Es wirkt betäubend und berauschend, und wurde wegen der Nebenwirkungen verboten

Worship: Adel, Vornehmheit, Verehrung, Würde, Ehre, Ehrentitel, anbeten, verehren, würdigen, ehren

Wort: Kohl- (Kopf), Raps, Biersud

Worth: Wohlstand, Reichtum, Wesen, Wert, Preis, Verdienst, Ehre, verdienen, wertschätzen, besitzen, würdig

Wot: Wissen, kennen

Wound: Verwundung, Wunde, Schmerzen, Qual, verwunden, verletzen, quälen

Wrest: Stimmgabel, Werkzeug zum Stimmen einer Harfe, entreißen, umdrehen, falsch verstehen, verdrehen

Writ: Urkunde, Befehl, Vorschrift, Dokument, Bibel, Schrift, Bekanntmachung, Aushang

Writhled: Runzelig, faltig, knitterig

Wrought: Gearbeitet, bewegt, erregt, agitiert

Wrung: Gedruckt, gepreßt, geplättet, gebügelt, gedrängt, gezerrt, gestaucht, gespannt, gesiebt

Wry: Abweichend, schief gehend, schräg, krumm

Y

Yard: 0,914 Meter, Raah (Stange zum Halten des Segels)
Yarely: Bereitwillig, flink, behände, lebhaft
Ye(a)rn: Ärgern, kränken, trauern
Ye(a)st: Schaum
Yield: Sich herablassen, geruhen, benachrichtigen, informieren, mitteilen, belohnen, anbieten, erlauben, geben, hervorbringen, liefern, zeigen, aufgeben, verzichten, überlassen, resignieren, einräumen, Platz machen, zugestehen, nachgeben, unterwerfen, anheimstellen, unterordnen, sich fügen, entsprechen, genehmigen, willfahren, billigen
Yellowness: Eifersucht
Yellows: Gelbsucht beim Pferde
Yeoman: Kammerdiener, Nachfolger eines Amtmannes, Verwalters, Gerichtsdieners (oder dessen Helfer), Gerichtsvollziehers (oder dessen Helfer), Bürger ohne Adelstitel, höfliche Anrede für einen einfachen Soldaten, Freisasse, freier Bauer
Yesty: Schäumen, schaumig, leicht, locker
Yew: Eibe, ein Symbol für den Tod bzw. des Friedhofes

Z

Zany: Clown, Narr, Tölpel, Jemand der grobe Streiche spielt, Hanswurst, der Helfer eines Clowns, der diesen nachahmte
Zed: Ausdruck der Verachtung. Etwas Überflüssiges. Zed ist nicht nur im Alphabet das Letzte
Zenelophon: Bettlerin, aus einer Ballade, in die sich der afrikanische König Cophetua verliebte